일본인 90%가 대답하지 못하는

일본의 100가지 大의문

화제의 달인 클럽 편

박성태 편역

어문학사

들어가며

　매주 주말에, 근처 마트에서는 사시미(생선회)를 저렴하게 판매한다. 그런 날은 이 지역에 사는 외국인들마저 '사시미 싸네'라며 구매하는 모습을 발견하곤 한다. 그런 광경을 보면서 문득 생각했다. '날것의 생선 토막을 왜 사시미라고 하는 것일까?'

　그러한 관점으로 생각해보면, 이 나라에는 여러 가지 의문이 있다. '엔円은 왜 EN이 아니라 YEN이라고 쓸까?', '성 꼭대기에 샤치호코しゃちほこ는 왜 있는 것일까?', '게이샤는 왜 그렇게 얼굴을 하얗게 칠하는 것일까?' 등등. 이 나라에는 '대다수의 일본인이 즉시 대답하지 못하는' 소박한 의문이 가득하다. 이 책은 그것들을 100개의 의문으로 정리한 것이다.

　2020년에는 도쿄올림픽·패럴림픽이 개최되면, 많은 외국인들이 일본으로 찾아올 것이다. 분명 실제 일본에서 보게 될 다양한 것에 신기해하고, 의문을 느낄 것이다. 본서에서는 외국인이 궁금해할 의문 아래에는 ☆표시를 하여, 책 뒤에 영어 대답의 예시도 첨부하였다. 해외 독자들에게 이것을 사용하여 '일본의 의문'을 해소시켜주길 바란다.

화재의 달인 클럽

들어가며

목차

제1장 엔은 왜 'EN'이 아니라 'YEN'이라고 쓰는 것일까?

- 외국인 관광객이 물어봐도 곤란하지 않을 일본의 16가지 의문

제2장 오래된 간판은 왜 가로쓰기 글자가 '오른쪽에서 왼쪽으로'
　　　쓰여있는가?
　　　- 일본인도 모르는 일상생활 15개의 맹점

제3장 게이샤는 왜 '부자연스러울 정도로 하얗게 화장을'
　　 하는 것일까?
　　　　- 알아두고 싶은 일본 문화 11개의 발견

제4장 47 도도부현 중에서 왜 홋카이도만 '도道'인가?
- 듣고 보면 분명히 궁금한 지리 · 지명 13개의 수수께끼

제6장 사무라이는 왜 상투머리를 했을까?
- 학교에서는 가르쳐주지 않는 일본 역사 13개의 잡학

제1장
엔은 왜 'EN'이 아니라
'YEN'이라고 쓰는 것일까?

— 외국인 관광객이 물어봐도 곤란하지 않을 일본의 16가지 의문

1. 성 지붕에 물고기(샤치호코[1])가 왜 있을까?

일본인은 비교적 신에게 소원 빌기를 좋아하는 국민일지도 모른다. 이른바 '하느님 찾기神頼み'이다.

수험 시즌이 되면 '합격 기원', 사랑에 빠지면 '연애 성취', 집을 지을 때면 '화재 방지', 액년이 되면 '액막이' 등등. 요즘에는 그다지 보이지 않게 되었지만 자동차를 사면 신사에 가져가 교통사고가 나지 않도록 액막이 의식을 치르는 사람도 있을 정도이다. 그때마다 신사에서 부적을 받아와서, 집 기둥에 붙이거나 가방에 걸었다. 생각해 보니 옛날 일본 집에는 부적이 여기저기 붙어 있거나 걸려있곤 했다.

이와 같은 사상은 훨씬 이전인 전국 시대에도 있었다. 영주가 사는 성에도 화재를 피하기 위해 주술용품이 구비되어 있었는데, 그중 하나가 유명한 샤치호코이다.

샤치호코란, 머리는 호랑이를 닮고, 몸통은 물고기인 상상 속 동물로, 겉보기에는 '거대한 물고기'이다. 비를 내리는 힘을 가졌다고 한다. 얼굴은 전방을 향하고 있고, 등이 꺾여 꼬리가 하늘을 향하고 있는 것이 특징이다.

이 샤치호코는 성에서 가장 높은 건물인 천수각天守閣[2]지붕과 같은 곳에 달려있다. 처음 샤치호코를 성에 설치한 것은 오다 노부나가織田信長[3]로, 아즈치성安土城 천수각에 모셨다고 한다.

샤치호코를 지붕에 설치한 의미는 화재를 예방하기 위해서라고 한다. 화재가 나면 물의 생물인 샤치호코가 물을 내뿜어 불길이 번지는 것을 막아준다고 했기 때문이다. 화재 예방 수호신인 셈이다. 이 샤치호코의 원형은 중국 전설 속 바다짐승인 '시비鴟尾'[4]이다. 중국에서는 큰 불각 지붕의 양끝에 휘어진 시비를 본뜬 기와를 사용한다. 이것은 물고기 모양을 하고 있지는 않지만, 형상은 샤치호코와 매우 비슷하다. 이것 또한 화재 예방의 주술로 사용되었다. 일본에서도 오래된 불각 지붕에는 시비가 설치되어 있는데, 이 시비의 변형이 샤치호코인 것이다.

2. 도쿄 디즈니랜드가 지바현 우라야스시에 만들어진 진짜 이유는?

京ディズニーランドが千葉県浦安市にできた本当の理由は？

세계적으로 알려진 일본의 상징이라면 후지산이다. 아름다운 그 모습을 직접 보면, 많은 사람들이 '아! 일본이다'라며 감개에 잠긴다. 관동 각지에 '후지미자카富士見坂'라는 지명이 있는데, 그 언덕에서 후지산이 보였다는 데에서 유래된 경우가 많다. 에도성에는 후지미야구라富士見櫓가 있는데, 역대 장군은 그곳에서 보이는 후지산 모습에 마음을 빼앗겼을 것이다.

후지산을 멀리서도 볼 수 있는 곳으로는, 200킬로 이상 떨어진 교토나 와카야마나, 300킬로 이상 떨어진 후쿠시마에서도 후지산이 보였다는 보도도 있다. 참고로 후쿠시마현의 하야마羽山는 후지산이 보이는 북쪽 한계의 산으로 알려져 있다. 후지산의 모습이 겨우 알아볼 수 있을 정도라고 해도 '저것이 후지산'이라고 생각하면 한층 더 감동스러울 것이다.

이러한 일본의 상징인 후지산이 도쿄 디즈니랜드 장소에 큰 영향을 끼쳤다고 한다. 도쿄 디즈니랜드는 지바현 우라야스시에 있는데, 디즈니랜드를 일본에 만들 계획이 떠올랐을 당시 우라야스시뿐만 아니라, 후지산의 스소노裾野도 후보지였다고 한다. 그렇다면 후지산이 아닌 우라야스시가 된 이유는 무엇일까?

디즈니랜드는 꿈의 나라라는 콘셉트를 가지고 있으며, 일상에 넘치는 현실과는 동떨어진 세계를 연출하고 있다. 그러한 꿈의 나라에서 후지산이라는 일본의 상징이 보인다면 어떨까? 방문객은 '여기는 일본'이라는 사실을 떠올리고 말 것이다.

그렇다고 해도 디즈니랜드의 내부에서 후지산의 모습이 눈에 들어오지 않도록 건물로 가릴 수 있다. 하지만 오가는 도로에서 후지산의 모습은 보이고 만다. '디즈니랜드도 재미있었지만, 후지산은 각별하지'라고, 분명히 꿈의 세계에서 멀어지게 될 것이다.

이처럼 방문객의 마음을 꿈의 나라에 두기 위해서 도쿄 디즈니랜드는 주변에 눈에 띄는 관광명소가 없는 우라야스시에 만들어지게 되었다고 한다.

단, 날씨만 좋다면 우라야스시에서도 작은 후지산의 모습을 볼 수 있다. 그렇다고 디즈니랜드에서 집에 가는 길에 후지산을 찾는 것은 흥을 깨는 일이기 때문에 그렇게 하지 않기를 바란다.

3. 엔은 왜 'EN'이 아니라 'YEN'이라고 쓰는 것일까?

일본 통화인 '엔'은 '¥'기호로 나타낸다. 알파벳 'Y'에 이중선을 더한 디자인인데, 'Y'인 이유는 '엔'의 로마자 표기가 'YEN'이기 때문이다.

여기에서 큰 의문점이 하나 있는데, '円'은 '엔'이기 때문에, 로마자로 표기하면 'EN'일 것이다. 왜 'YEN'인 것일까? 그 이유에는 다양한 설이 있다.

먼저 발음상의 이유를 들 수 있다. 'EN'은 외국인이 발음하면 '엔'이 아니라 '인'에 가깝게 된다. 분명히 영어는 'ENGLISH'로 '잉글리시'이다. 일본어 엔과 가깝게 발음하기 위해서 'Y'를 붙였다는 설이다.

또 'EN'은 네덜란드어나 스페인어, 프랑스어에서는 각각 다른 의미를 갖는 단어이기 때문에, 같은 표기를 피했다는 설이 있다. 그리고 예를 들어 '10엔'을 'TEN EN'이라고 써버리면, '텐 엔'이 아니라 '테넨'과 같이 연음으로 읽을 우려가 있기 때문에 'Y'를 붙였다는 설도 있다.

한편, 중국 통화인 '위안元'과 의외의 관계도 흥미롭다. 위안화의 지폐에는 통화 단위인 '圓'이 'YUAN'으로 표시된다. 그것이 'YEN'으로 바뀌었다는 설이다.

이 '圓'(원)이라는 글자는 '円'(화폐 단위 엔)의 예전 글자 모양인데, 이 글자가 일본에 들어왔을 때, 히라가나로는 'ゑん'(엔)으로 표기하였다. 이 'ゑ'(에)는 'あ(아)행'이 아닌 'わ(와)행'의 'ゑ(에)'이다. 즉, 'わいうえを(와이우에오)'의 'ゑ(에)'이다. あ(아)행의 'え(에)'는 'E'이고, わ(와)행의 'ゑ(에)'는 'YE'로 표기한다. 이것이 'YEN'의 유래라고도 한다. 'ゑ(에)'를 가타카나로 쓰면 'ヱ(에)'이다. 삿포로 맥주의 홈페이지에서는 '에비스 맥주'를 'YEBISU'라고 쓰고 있다.

이번에는 '¥' 마크의 이중선을 살펴보자. 단지 'Y'와 구별하기 위해서라는 설과, 미국의 달러 마크를 모방했다는 설이 있다. 참고로 이 '$'의 유래도 미국대륙을 발견한 스페인의 이니셜 'S'에, 스페인의 깃발에도 그려져 있는 '헤라클레스의 기둥'을 나타내는 이중선을 넣었다는 설과 'United States'의 'U'와 'S'를 조합했다는 설이 있는데, 분명하지는 않다.

4. (생선) 초밥을 '한 관' '두 관' 이라고 세는 이유는?

편의점에서 도시락이나 조리된 반찬 등을 살 때, '젓가락은 몇 개 드릴까요?' '음, 2개 주세요'라는 대화를 자주 한다. 정확하게 젓가락은 한 벌—膳이라고 세는데 '몇 벌 드릴까요?'라고 묻는다면 오히려 위화감이 느껴질지도 모르겠다.

하지만 물건에 따라 셈하는 방법이 다른 것은 일본어 특유의 문화이다. 옷 장은 '한 짝—竿'이고, 책상이나 의자는 '하나—脚', 식기인 밥공기는 '하나—口'이다. 일본어로 수를 셀 때 주의하자.

(일본에서는) 외국인에게 가장 인기가 많은 일본식 초밥도 독특하게 수를 센다. 생선초밥이라면, 하나, 둘도 한 개, 두 개도 아닌 '한 관' '두 관'이다.

사실 생선초밥이 확산된 에도 시대 전후에는 하나, 둘로 세었을 뿐, 아직 '관'은 없었다고 한다. 시대가 흘러 메이지나 쇼와 시대에도, 초밥에 대해서 기록되어 있는 서적에 '관'은 거의 나오지 않는다. 1975년에 출판된 "초밥 기술 교과서 에도마에즈시편すし技術教科書　江戸前ずし編"이라는 책에서 비로소, 생선초밥을 '한 관—カン'으로 세는 기술을 많이 볼 수 있게 되었다고 한다. 아주 최근의 일이다.

한 관, 두 관의 어원에 대해서 여러 가지 설이 있다. 초밥을 만들 때의 힘을 '한 관째의 얼음을 누름돌로 한 정도─貫目の氷を重しにしたくらい'라고 한 것이 유래라는 설이 있다. 또한 에도 시대에는 화폐 구멍에 끈을 넣어, '(화폐가치로) 한 관이나 있다'라고 과장한 것이 있는데 그 묶음 화폐의 크기나 무게가 초밥과 비슷한 정도였다는 설이 있다. 에도 토박이가 생선초밥의 무게를 과장하여 한 관 초밥이라고 불렀다고도 하는데, 한 관은 약 3.75킬로그램이다. 조금 지나친 과장일 것이다. 또는 김초밥巻き寿司을 '한 관─巻'이라고 세었던 것에서 '관貫'의 글자를 붙였다는 설도 있는데, 어느 것이 사실인지 정확하지는 않다.

사실, 생선초밥 하나를 한 관이라고 세는지, 2개 세트를 한 관으로 세는 지도 명확하지 않지만, 하나를 한 관으로 세는 쪽이 많은 것 같다.

참고로 두 관을 한 세트로 주는 곳이 많은데, 왜 두 관인지에도 다양한 설이 있다. 옛날에는 초밥 재료가 적었기 때문에 크게 만든 것을 2개로 잘라 내주었다는 설이 잘 알려져 있다.

하지만 최근 회전 초밥 등에서는 고가의 재료는 한 접시에 한 관밖에 올리지 않는 등, 2관 세트의 문화도 변화하고 있는 것 같다.

5. 소바는 왜 '후루룩 후루룩!' 소리를 내면서 먹어도 괜찮은 것인가?

蕎麦はなぜ「ズルズル！」と音を立てて食べていいのか？

　가을 긴 밤의 풍물 시로 말할 것 같으면, 방울벌레나 귀뚜라미가 우는 소리를 들 수 있다. 일본인은 이것을 풍류라고 느끼는데, 서양 사람들에게는 '잡음'으로 들린다고 한다. 애당초부터 '곤충을 먹는다'는 것을 징그러워 한다.

　이 밖에도 소리에 대한 감각의 차이가 있는데, 예를 들어 절 등의 종소리이다. 서양에서도 교회 등에서 종을 치는데, 절에서는 '웅~' 울린 다음에 그 여음을 충분히 느끼고 나서 다음 종을 친다. 하지만 서양에서는 연속적으로 '땡땡' 울리는 일이 많다고 한다. 이처럼 소리를 느끼는 방식은 서양인과 일본인 사이에서 여러 가지로 다른 것이다.

　식사를 할 때 내는 소리의 '관용도'에서도 서양과 일본 사이에는 차이가 있다. 원래 나이프, 포크, 스푼을 사용하는 서양 요리는 접시에 닿아 소리가 나기 쉽다. 그래서 소리에 예민하다. 스프도 소리를 내지 않고 먹는 것이 올바른 매너라고 한다.

　물론 일본 요리에서도 식기 소리를 내지 않는다던가, 쩝쩝 씹는 소리를 내지 않는 등의 매너는 기본이다.

　단, 소바를 먹을 때 만큼은, 후루룩 후루룩 소리를 내도 좋다고 한다. 만담가가 부채를 젓가락처럼 하여 소바를 먹는 행동에서도 알 수 있듯이, 오히려 소리를 내는 것이 에도 토박이의 멋이라고도 한다. 왜일까? 이유는 있는 걸까?

　원래 소바의 묘미는 '향'과 '목 넘김'이다. 그것을 즐길 수 있도록 먹는 것이

정답이라고 할 수 있다. 모리소바もり蕎麦나 자루소바ざる蕎麦를 소바 장국에 적실 때, 소바의 3분의 1정도를 적셔 먹는 관습이 있는데, 그 이유는 장국에 흠뻑 적셔 버리면 소바의 향이 잘 나지 않기 때문이다.

그리고 소바는 꼬불꼬불하지 않은 반듯한 면이기 때문에, 장국이 면에 잘 감기지 않는다. 천천히 먹으면 국물 맛이 나지 않게 되어버린다. 힘차게 면을 흡입하면 적당한 양의 국물을 소바와 함께 입에 넣을 수 있는 셈이다.

또한 후루룩 먹으면 공기도 함께 입 안에 들어와, 그것이 코를 빠져나갈 때에 소바의 향을 느낄 수 있다. 소리를 내면서 먹는 데에는 소바를 맛있게 먹기 위한 이유가 있는 것이다.

'왜 소바는 소리를 내면서 먹는 거야?' 라고 물으면 …

6. 도쿄 거리가 어디든, 항상 깨끗한 것은 왜?

트로이 유적지 발굴로 인해 세계적으로 유명한 슐리만은 에도 시대의 일본을 여행한 기록 "슐리만 여행기 청나라·일본"을 남겼다. 그중에서, 매일 목욕탕을 다니는 일본인에 놀라며 세계에서 유례없을 정도로 청결한 국민이라고 평가했다고 한다.

일본인은 깨끗한 것을 좋아한다. 해외에서 온 관광객이 일본에 와서 놀라는 것 중 하나가 거리의 청결함이다. 매일 아침 쓰레기 수거 차량이 거리 구석구석을 달리며, 쓰레기 집하장에 있는 쓰레기를 수거하고 있다.

주민들이 쓰레기를 내놓을 때도 '가연성 쓰레기' '불연성 쓰레기' '재활용 쓰레기' 등 종류 별로 분류하여 쓰레기 집하장으로 가져 간다. 간혹 담배 꽁초 등을 거리에 버리는 사람도 있지만, 자기집 앞, 가게 앞은 각자가 부지런히 청소하기 때문에 길거리는 항상 깨끗하다.

이처럼 도쿄의 거리가 청결한 것은 쓰레기 집하장이 제대로 기능하고 있는 것과 주민들의 청결에 대한 의식이 높기 때문일 것이다.

일본의 거리가 청결한 것은 지금에 국한된 이야기는 아니다. 슐리만 뿐만 아니라, 에도 시대에 일본을 방문한 외국인도 에도 거리의 청결함에 대하여 기록을 남겼다. 쓰레기 수거가 시작된 것도 에도 시대 1662년이라고 되어있다. 1697년에는 이를 위한 직무로서 아쿠타아라타메직芥改役이 만들어졌다.

당시 쓰레기 재활용 시스템은 현재보다 발전되어 있었을지 모른다. 폐기물로 여겨지는 나무 부스러기, 낡은 천조차도 재활용이 가능한 것으로써 매매되었기 때문에 쓰레기가 되지 않았다. 게다가 사람의 배설물조차도 농작물의 비료로써 농촌에 팔리고 있었다.

놀랍게도 배설물에는 등급이 설정되어, 무사大名나 상인의 집에서 나온 것은 가격이 높고, 일반 서민의 배설물은 가격이 저렴했다고 한다.

에도는 100만 명이 넘는 대도시였다고 하는데, 그 인구를 유지하기 위해서는 배설물이나 쓰레기 문제를 해결할 필요가 있었다. 그것을, 뭐든지 재활용하여 쓰레기를 만들지 않는 친환경 시스템으로 실현하고 있었던 셈이다. 바로 '버려짐의 아까움'을 구현한 도시였다고 할 수 있다. 그 의식이 현재 일본인에게도 맥맥이 이어지고 있기 때문에, 도쿄의 거리는 청결함을 유지하고 있다.

7. 오미코시[5]를 멜 때 '왓쇼이'는 무슨 의미?

お神輿を担ぐときの「わっしょい」ってどういう意味？

우주인을 부를 때는 '벤토라 벤토라, 스페이스 피플'이라고 외친다. 스페이스 피플은 영어라서 이해할 수 있는데, 벤토라의 의미는 모를 것이다.

그것도 그럴 것이 '벤토라'는 우주어다. 우주인과 교신할 수 있다는 미국인 조지 밴 타셀(George Van Tassel)씨에 의하면, '우주선'을 의미하는 말이라고 한다.

일본인이 일상적으로 사용하는 말 중에도 무슨 뜻인지 모른 채 사용하고 있는 것도 적지 않다. 예를 들어, 마쓰리[6]에서 오미코시를 멜 때의 기합소리인 '왓쇼이わっしょい', 물건을 들어올릴 때의 '돗코이쇼どっこいしょ', 스모를 시작할 때의 '겟케요이けっけよい', 이런 말들은 그 말을 하는 일본인조차 의미를 모르고 사용하는 경우가 많다. 이 중 '왓쇼이'의 어원은 다양한 설이 있는데, '화를

짊어지다和を背負う'에서 유래했다고 한다.

화和란, 옛날 '일본'을 의미하는 말인데, 사람과 사람이 사이좋게 지내는 '화' 의 의미도 있다. '무슨 일이든 모두가 사이 좋게 언쟁을 일으키지 않는 것이 좋다和を以て貴しと為す'라는 '십칠조헌법(헌법 17조)'을 만든 사람이 쇼토쿠 태자聖德太子[7]인데, 그 정신은 지금도 여전히 남아 있다고 할 수 있다.

'돗코이쇼'는 산을 오를 때 제창하는 '롯콘쇼죠六根清浄(육근청정)'[8]에서 왔다고 한다. 육근六根이란 시각, 청각, 후각, 미각, 촉각, 의식을 말하는데, 이 6개를 맑게 한다는 의미를 담은 말이다. 이것이 변형되어 '돗코이쇼'라는 말이 생겼 다고 한다.

'겟케요이'는 그렇게 들리지만, 스모 심판인 교지行司는 '핫키요이はっきよい'라 고 발음하고 있다고 한다. 이것은 '핫키요요発気揚々(기세등등)'에서 유래되었다 고 하는데, 기합을 넣어 승부한다는 의미가 담겨 있다고 한다.

의미를 모른 채 사용하고 있는 말에도, 거슬러 올라가면 선인들의 다양한 생각이 담겨 있는 것이다.

8. 왜 신사의 참배 길에는 작고 둥근 돌이 깔려있을까?

なぜ神社の参道には小さくて丸い石が敷き詰められている？

　물가를 맨발로 걸었더니, 사박사박 모래가 운다. 이른바 우는 모래鳴き砂 해안이 일본에 150군데에서 200군데나 있다고 한다.

　우는 모래뿐 아니라, 원래 일본인은 걸을 때 발 밑에서 들리는 소리에 독특한 감성을 가지고 있었는지도 모른다. 가을에 낙엽을 밟아 헤치며 나아가는 소리, 겨울에 서벅서벅 서릿발을 밟는 소리, 그리고 새해 첫눈에 발을 넣는 소리 등, 모두 각각 계절의 풍물 시라고 할 수 있을 것이다.

　발밑에서 들려오는 소리라면, 신사의 경내나 참배 길을 걷고 있어도, 사각사각 기분 좋은 소리가 난다. 바닥에 깔린 작고 둥근 돌, 굵은 자갈玉砂利 때문이다. 사실 이 굵은 자갈은 외국인에게 '걷기 불편하다'고 해서 평판이 그다지 좋지 않은 것 같다.

어쩌면 일본인에게도 걷기 불편할지 모른다. 그렇다면 왜 신사에는 굵은 자갈이 깔려 있는 것일까?

이유는 굵은 자갈이라는 명칭, 크기나 모양, 그리고 소리에 있다. 굵은 자갈의 玉이란 '다마시이魂(혼)'나 '미타마御霊(영혼의 존칭)'를 말한다. 아울러 '옥동자玉のような赤ちゃん'나 '미인上玉'처럼 '아름답다' '소중한 것'이라는 의미도 있다. 즉, 굵은 자갈이란 '영혼이 깃든' '아름답고' '소중한' 돌이라는 의미이다.

다른 하나는, 굵은 자갈 위를 걸을 때 나는 사각사각 소리에 의미가 있다. 그 소리를 들음으로써 참배자의 몸과 마음이 고요하게 안정되고, 정화된다는 것이다.

참고로 일본에서는 옛날부터 신성한 장소에 작은 돌을 깔아서 부정을 없앤다는 풍습이 있다고 한다. 이 때문에 굵은 자갈도, 신사를 신성한 곳으로 유지하기 위해서 깔려 있다는 설도 있다.

그리고 신사에서 참배할 때는 굵은 자갈을 힘껏 밟아, 그 소리를 들으면서 참배 길을 걸어간다. 이때 참배 길의 중앙은 '한가운데正中'라고 해서, 신이 다니는 길이라고 한다. 한가운데를 걷지 않고, 가장자리를 걷는 것이 신에 대한 예의이다.

9. 신사⁹라도 '대사' '신궁' '신사'로 호칭이 왜 다를까?

神社でも「大社」「神宮」「神社」と呼び方が違うのはなぜ？

이즈모대사出雲大社, 메이지신궁明治神宮, 이쓰쿠시마신사厳島神社. 이것들은 모두 유명한 신사로, 해마다 많은 참배객이 찾아온다. 하지만 이상하지 않은가? 신사인데 부르는 방법이 '대사' '신궁' '신사'로 각각 다르다. 어떤 차이가 있는 것일까?

사실 헤이안 시대에 제정된 신사 제도 '관국폐사 제도官国弊社制度' 하에서, 대사는 이즈모대사밖에 없었다. 하지만 전후에 이 제도가 폐지되자, 스미요시대사住吉大社, 가스카대사春日大社처럼 '대사'라는 이름을 쓰는 신사가 증가했다.

그렇지만, 아무 신사나 마음대로 그 이름을 써도 되는 것은 아니다. 허다한 같은 이름의 신사 중에서 본가에 해당하는 신사가 기준이라고 한다. 그에 반해 '사社'의 칭호는 큰 신사에서 신을 권청勧請, 요컨대 분령分霊하여 옮긴 신사에 사용하는 것이 일반적이다.

한편 '신궁'는 오래전부터 황실과의 연결고리가 있는 신사나 천황을 모시는 신사에 대한 호칭이다. 메이지신궁는 말할 것도 없이 메이지 천황明治天皇[10]을, 헤이안신궁平安神宮는 간무 천황桓武天皇[11]을 모시고 있다.

하지만, 단순히 '신궁'라고 말한 경우는 이세신궁伊勢神宮를 가리킨다. 누구나가 알고 있는 '이세신궁'의 이름은 통칭으로, '신궁'이 정식명칭인 것이다.

또한 도쿠가와 이에야스德川家康[12]를 모시는 '도쇼구東照宮'나 스가와라노 미치자네菅原道真[13]를 모시는 '덴만구天満宮'처럼 '신궁'이 아닌 '구宮'가 붙는 신사도 있다.

사실 신사와 신궁의 차이점에는 또 하나의 설이 있다. 신사는 신이 일시적으로 내려오는 장소로 용무가 끝나면 신의 영역으로 돌아가 버린다. 그래서 계속 신이 머물 수 있도록 살 장소(お宮)를 제공했는데, 그것이 신궁이다. 즉, 신사는 신이 들르는 곳, 신궁은 신이 상주하는 장소인 셈이다.

10. 나리타에 국제공항이 만들어진 이유는?

　세계에서 처음 비행기로 하늘을 날았던 것은 라이트 형제이다. 1903년에 라이트 형제가 탄 라이트 플라이트호의 첫 번째 비행은 불과 약 36.5미터로, 공중에 머문 시간은 겨우 12초이다. 로켓의 아버지라고 불리는 고더드(Robert Hutchings Goddard)가 1926년에 쏘아 올린 로켓은 12.5미터 정도 공중에 올랐을 뿐이었다.

　36.5미터나 12.5미터밖에 날지 못하는 비행기나 로켓이라면, 그 발착지를 건설하는 데에 그다지 고생할 필요 없다. 넓은 공간도 필요 없기 때문에 장소 선택에도 문제는 없을 것이다.

　하지만 현재의 비행장 정도 되면 그렇게는 안 된다. 도심과 가까운 장소라면 편리하지만, 만일의 경우 사고가 발생하면 인근 도시에도 피해를 끼칠 위

험이 있다. 또, 주거지가 가까우면 소음 문제도 발생한다. 1931년에 개항한 도쿄국제공항(하네다공항)이 매립지 섬에 만들어진 것도 그 때문이다.

그런데, 하네다공항은 2001년부터 국제선이 취항하게 되었는데, 그때까지 국제선은 지바에 있는 나리타국제공항을 이용하고 있었다. 하네다공항도 정식 명칭이 도쿄국제공항인 것처럼, 당초는 국내선, 국제선 모두 발착하고 있었는데, 편수 증가로 인해 국제선은 1978년부터 나리타국제공항으로 이동되었다.

그때, 공항을 만들 장소로 왜 지바현의 나리타시가 선정되었을까? 여러 가지 이유가 있는데, 당시 나리타는 고료목장御料牧場, 즉 황실을 위한 목장으로 국유지였다. 도쿄와 가깝고, 주위에 산림이 없었던 것도 공항 건설의 조건으로써 적합했다. 또한 다른 후보지로서 이름을 올린 것은 같은 지바의 도미사토富里와 이바라키의 가스미가우라霞ヶ浦였다.

11. 일본 택시는 왜 자동문인가?

日本のタクシーはなぜ自動ドアなの？

올림픽·패럴림픽이나 만국박람회 등, 거국적인 일대 이벤트의 개최가 결정되면, 그에 맞춰 공항이나 고속도로, 철도 등의 인프라가 정비되고, 동시에 새로운 기술과 서비스가 잇달아 실용화된다.

1964년 도쿄올림픽을 계기로 등장한 것 중 유명한 것은 신칸센과 수도 고속도로인데, 신칸센은 개최 고작 9일 전인 1964년 10월 1일에 개업·개통되었다.

도쿄올림픽을 계기로 실용화되어 보급된 것은 그 밖에도 많이 있는데, 택시의 자동문도 그중 하나라고 한다.

택시의 자동문은 1950년대 전후에 이미 개발되어 있었는데, 도쿄올림픽이 개최된 1964년에 도쿄의 대규모 택시회사가 모든 신차에 도입함으로써 일제히 보급되었다. 도쿄올림픽을 계기로 증가하는 '해외 방문객을 환대하기 위해' 많은 택시 회사가 자동문을 도입했다고 한다.

즉, 일본 택시는 왜 자동문일까? 그 이유는 외국인 방문객에 대한 '환대' 하는 마음의 표현이라고 할 수 있을 것이다.

지금도 일본 택시라 하면 자동문이 당연하지만, 사실 해외에서는 보기 드문, 일본 특유의 문화라고 할 수 있을 것이다. 해외에서 일본을 방문한 외국인 관광객은 나리타공항이나 하네다공항에서 처음 이 자동문을 실제로 보고 놀란다고 한다.

반대로 비즈니스로 일본에 체류하거나, 일본에 유학하는 외국인 등, 일본에서의 생활에 익숙해져 버린 외국인이 모국에 돌아가서 '택시를 잡은 후에, 잠시 문이 자동으로 열리기를 기다렸다'고 한다.

그런데 2020년의 올림픽·패럴림픽의 개최를 위해 주목 받고 있는 것은, 택시의 자동문은 말할 것도 없고 운전기사 없이 승객을 목적지까지 옮기는 '자동 운전차'이다. '어느 장소에서 경기장까지의 왕복' 등, 제한적이기는 하지만 그 실용화가 기대되고 있다.

12. 후지산의 고고메, 등산루트의 중간지점이 아니라는 거 알고 있었나?

2013년 세계문화유산에 등록된 일본 제일의 영산인 후지산은 오래전부터 신앙의 대상이자 일본의 상징으로서 사랑 받아온 산이다. 최근에는 외국인 중에도 후지산 팬이 많아 해외에서도 많은 등산객이 모이고 있다.

후지산의 5고메五合目까지는 차로 갈 수 있기 때문에, 많은 매점이 늘어선 관광 스팟으로도 되었는데, 고고메는 무엇을 기준으로 정한 것인지, 또 '고合'라는 단위 유래는 무엇인지 알고 있을까?

'○고메'의 표식은 등산객이 어디까지 올라왔는지를 알기 위한 기준이 되는 것이다. 산기슭 1고메一合目에서 시작하여, 산 정산이 10고메十合目로 되어 있

다. 그렇다면 고고메는 등산하는 거리의 딱 중간까지 도달한 것인가? 라고 생각하기 쉽지만 그렇지 않다. 그렇다면 해발이 중간인 지점인가? 이것 역시 그렇지 않다.

사실 'ㅇ고메'의 표지는, 거리나 해발을 10등분하여 결정한 것이 아니라, 등산의 난이도에 따라 결정된 것이다. 경사가 완만하여, 등산자의 체력이 충분히 남아 있는 산기슭에서는 1고_合간의 거리는 길고, 경사가 급해서 등산자의 피로도 축적되는 산 정상 부근에서는 짧아진다.

그렇다면 왜 '고_合'라는 단위를 사용했을까? 산길의 단위를 '고_合'로 나타낸 것은 후지산이 최초였다고 하는데, 유래에는 다양한 설이 있다.

산의 모양이 쌀을 쌓았을 때의 모양과 닮아있기 때문에, 쌀의 양을 측정하는 단위인 고_合를 사용했다는 설과, 불교 용어로 매우 긴 시간을 나타내는 '겁劫'에서 유래했다는 설이 있고, 옛날에는 후지산을 오를 때에 사방등行灯으로 발 밑을 비추었기 때문에 그 기름을 한 홉_合을 다 사용할 때마다 구분을 했다는 설도 있다.

참고로 후지산에는 '나나고메七合目' '하치고메八合目' 외에 '신시치고메新七合目'나 '신하치고메新八合目' '혼하치고메本八合目' 등이 있다. 루트에 따라서는 나나고메나 하치고메에 두 번 맞닥뜨리는 경우도 있으므로, 주의가 필요하다.

13. 소바나 우동의 '국물'이 왜 관동식·관서식으로 다른가?

미식가로 고명한 기타오지 로산진北大路魯山人는 그의 저서에서 '도쿄 사람은 다시마의 맛을 모른다'라고 이야기 하고 있다. 음식에 대한 엄격함과 독설가로도 유명한 그분의 말이다.

자칫하면 그저 도쿄에 대한 험담으로 생각할지도 모르지만, 이것은 결코 근거 없는 이야기는 아니다. 왜냐하면 도쿄에서 '국물'이라고 하면, 주로 다시마가 아닌 가쓰오부시를 사용한 것을 지적한 것이기 때문이다.

그렇다면 왜 다시마 베이스의 '국물'은 도쿄에서 보급되지 않았던 것일까? 그 원인으로는 생산지로부터의 유통경로가 밀접하게 관련되어 있다.

다시마의 주생산지는 홋카이도이다. 도쿄가 수도가 되기 전, 그 다시마는 먼저 관서로 운반되었다. 그때 동해 쪽 항로를 통과하여 관서 항구로 수송되

어 오는 것인데, 그 시점에서 1등급 다시마는 이미 매점되어 버린다. 그렇게 되면 관동으로 운반되어 오는 다시마는 2등급, 3등급 물건밖에 없었다고 한다. 이런 상황이라면, 도쿄 사람이 가쓰오부시로 '국물'을 내고 싶어하는 마음도 이해가 갈 것이다.

하지만 다시마가 관동에서 보급되지 않은 이유가 하나 더 있었다. 그것은 '물의 경도' 차이이다.

일반적으로 일본의 물은 칼슘과 마그네슘이 녹아있는 비율이 낮은 '단물軟水'인데, 관동의 물은 다른 지역에 비해 경도가 높다. 이 경도가 높은 물로 다시마의 국물을 내려고 하면, 감칠맛보다 쓴맛이 두드러져서 맛있는 '국물'을 낼 수가 없었던 것이다.

즉, 관동의 경수로는 다시마 본래의 감칠맛을 끌어내는 것이 어려워 '뭔가 맛이 없는데'가 되어 버렸다.

이 물의 차이가 '국물'의 차이가 되어, 나아가 관동식, 관서식 간을 맞추는 차이로도 이어졌다고 한다.

14. 스키야키를 먹는다면 와규? 국산소?

재날[14]에 팔리는 인기 물건이라 하면 '초록색 거북'을 들 수 있다. 금붕어 잡이를 할 때도 초록색 거북이 수영하고 있으면, 무의식중에 잡고 싶어

하는 사람도 많을 것이다.

이 초록색 거북의 정식 이름은 미시시피 붉은귀거북으로, 번식력이 매우 강하다. 일본의 생태계를 파괴할지도 모른다며, 2020년을 목표로 수입금지가 결정되었다.

초록색 거북뿐만 아니라 지금 일본에는 본래, 생식하지 않았던 동물이 사육되거나 양식되는 예가 많다.

예를 들어, 식용 소도 그렇다. 원래 일본에 생식하고 있던 소를 품종 개량하여 식육용으로 한 것이 와규이다. 와규는 고급 소고기라는 이미지가 있는데, 상품명이 아니라 품종명으로, '흑모화종黑毛和種' '갈색화종褐色和種' '일본단각종日本短角種' '무각화종無角和種'이 와규로 불리고 있다.

미에현의 미쓰자카규松坂牛, 효고현의 고베규神戸牛, 야마가타 현의 요네자와 규米沢牛, 미야자키 현의 미야자키규宮崎牛, 가고시마 현의 가고시마구로규鹿児島黒牛 등은 흑모화종의 와규, 이른바 흑모 와규이다. 품종명이기 때문에 산지와 관계없이 호주에서 사육된 흑모화종도 와규이다.

한편, 일본 마트 등에서 장을 보면 와규가 아닌 '국산소'라는 표시도 자주 발견한다. 이 국산소는 일본에서 생산된 소라는 의미이다. 즉, 일본에서 식육용으로 가공된 소고기이다.

원래 일본에는 생식하지 않았던 홀스타인 등의 외래종, 그리고 호주나 미국에서 태어나 일본으로 수입되어 사육된 소도 국산소이다.

예전에는 3개월 이상 일본에서 사육된 소가 아니면 국산소라고 표시할 수 없었는데, 지금은 3개월 이내라도 사육된 기간이 가장 긴 장소가 일본 국내라면 국산소라고 표시가 가능하다.

또 '흑모우黒毛牛'라고 표시되어 있는 소고기를 본 적이 있을지 모르겠는데, 이것은 흑모와규와는 다른 것이다. 신체 어딘가 일부분에 검은 털이 있는 소를 '흑모우'라고 표시하고 있는 것이다. 와규라고 국한할 수 없다. 실제, 흑모우에는 홀스타인이 많다고 한다.

또한 세계에서 가장 많은 소가 사육되고 있는 곳은 인도로, 약 2억 1천만 마리로, 거의 같은 수의 소가 브라질에서도 사육되고 있다.

15. 회석요리와 가이세키요리의 큰 차이점은?

회석 요리会席料理와 가이세키 요리懷石料理, 같은 '가이세키' 요리로 혼동하기 쉽다. 회석 요리는 많은 사람이 모인 연회 등의 자리에서 나오는 요리의 이미지고, 가이세키 요리로 말할 것 같으면 고급 료칸에서 즐기는 요리를 떠올릴 것이다.

둘 다 요정이나 일본 요리 집에서 직원이 하나씩 가져오는 스타일이라는 공통점도 있다. 그렇다면 차이는 무엇일까?

사실 이들은 유래부터가 다르다. 회석 요리는 무로마치 시대에 무사나 귀족이 손님을 대접하기 위해 내놓던 혼젠 요리本膳料理에서 생긴 연회석 요리宴席料理가 유래라고 한다. 이것이 변화하여 술잔치 시 제공되는 화려한 식사를 의미하게 되었다.

한편 가이세키 요리를 살펴보면, 그 기원은 가마쿠라 시대로 거슬러 올라간다. 선종의 절에서 엄격한 수행에 건디고 있던 스님이 뜨거운 돌을 몰래 품어

위를 따뜻하게 하여, 공복을 달랬다는 이야기에서 유래한다. 이 돌이 '가이세키'의 어원이라고 한다. 즉, 가이세키 요리는 공복을 참기 위한 검소한 식사를 의미하고 있었던 것이다.

이것이 후에 다도와 결합하여, 찻자리에서 대접되는 요리가 되었다. 이 때문에 '차카이세키茶懷石'라고 부르는 경우도 있다. 또 '가이세키'만으로 '요리'의 의미도 포함되어 있기 때문에, '가이세키 요리'는 '말에서 낙마'처럼 단어가 중복되지만, 지금은 '가이세키 요리'가 일반적이다.

가이세키 요리는 국 한 가지와 반찬 세 가지의 상차림이 기본 식사로, 맑은 국으로 입가심을 한 후, 술 안주로서 그날의 중심 요리八寸나 삶은 요리 모둠인 시이자카나強肴가 나온다. 이에 비해 회석 요리는 술이 중심인 식사이기 때문에 가이세키와는 반대로 밥과 국물은 마지막에, 전채 요리나 조림, 회 등이 먼저 나온다.

16. 왜 일본인은 굽실굽실 절을 할까?

なぜ日本人はペコペコとお辞儀をするの?

축구에서 골을 넣은 후, 화려한 퍼포먼스를 선보이는 선수가 적지 않다.

경쾌한 댄스를 춘다거나 공중제비나 백 텀블링을 하거나…… 해외

에서 활약하는 일본인 축구선수인 나가토모 유토長友佑都의 골 퍼포먼스는 '오지기お辞儀(절)'이다.

오지기는 허리를 구부려 상반신을 전방으로 향하게 하고, 머리의 위치를 내리는 동작이다. 일본인은 어떤 때 오지기를 할까? 인사를 할 때, 지인과 스쳐지나갈 때, 헤어질 때, 감사를 표할 때, 사죄를 할 때… 하나하나 열거를 하자면 끝이 없다. 그 정도로 오지기는 일본인 생활에 침투되어 있다.

서양에서도 오지기에 상응하는 예의는 있다. 상대방 앞에서 한쪽 무릎을 지면에 대고, 머리를 숙인다. 왕이나 귀족 등, 고귀한 사람 앞에서 경의를 나타내는 행위로서 사용되고 있다. 그에 비해 일본의 오지기는 손윗사람은 물론,

대등한 사람, 손아랫사람에게도 사용되는 것이 특징이다. 게다가 몇 번이고 반복하는 일이 많다.

이 '몇 번이고 오지기를 반복하는' 행동이 이상하게 보인다. 왜, 몇 번이고 반복하는 것일까?

그 이유는 오지기란 예의이기 때문에 오지기를 끝내고 머리를 들었을 때, 상대방이 여전히 머리를 숙이고 있으면, 다시 머리를 숙이기 때문이다. 그것이 예의인 것이다.

그것을 반복하고 있으면, 결과적으로 몇 번이고 서로 굽실굽실 인사하는 셈이 되어 버린다.

에도 막부 시대 말기에 일본에 와서 서양의학을 전파한 지볼트는 제11대 장군 도쿠가와 이에나리德川家斉를 알현할 때, 억지로 몇 번이고 오지기를 하게 되어 질색했다고 일기에 썼다고 한다.

또한, 에도 시대에 서양인이 남긴 기록에 따르면, 일본인이 오지기를 할 때는 숨을 쉬거나 뱉어서 입에서 '슈슈' 소리를 낸다고 기록되어 있다. 물론 지금 이런 소리를 내는 사람은 없을 것이며, 현대는 비즈니스 매너가 아니다.

제2장
오래된 간판은 왜 가로쓰기 글자가
'오른쪽에서 왼쪽으로' 쓰여있는가?

— 일본인도 모르는 일상생활 15개의 맹점

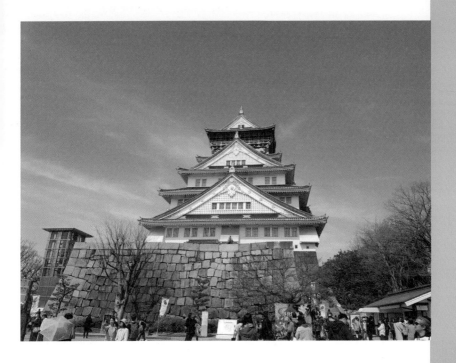

エスカレーターで「関東は右側」「関西は左側」を歩くのはなぜ？

일본은 좁은 나라라고들 하는데, 관동권과 관서권에서 문화나 습관이 다른 것이 흥미롭다.

도쿄와 오사카를 비교해 보면, 자주 말하는 것이 우동 국물이다. 도쿄의 우동 국물은 간장으로 간을 하며, 색도 진하다. 그에 비해 오사카의 우동 국물은 연하고 투명하다.

식문화뿐만 아니라, 예를 들어 철도의 역명에서 '○○초메丁目'라고 붙는 경우, 도쿄는 '신주쿠3초메新宿三丁目'나 '롯폰기1초메六本木一丁目'로 홀수 역명이 많다. 이에 반해 오사카는 '다니마치4초메谷町四丁目'나 '가모4초메蒲生四丁目'처럼 짝수가 많다.

철도로 말하자면 역의 에스컬레이터도 도쿄에서는 서두르는 사람을 위해서 우측을 비우는데, 오사카에서는 좌측을 비운다. 반대인 것이다. 출장에서 돌아오면 '아! 어느 쪽으로 서야 하더라?' 헷갈리는 사람도 있지 않을까?

왜 이렇게 되었을까? 일본 에스컬레이터의 역사를 풀어 보면 알 수 있을 것 같다. 일본에서 처음 에스컬레이터가 등장한 것은 100년도 더 전인 1914년(다이쇼 3년)으로, 도쿄 니혼바시의 미쓰코시고후쿠점三越呉服店(현재 니혼바시 미쓰코시 본점)에 설치되었다.

한편, 일본에서 에스컬레이터의 한 줄 서기가 시작된 것은, 1967년이라고 한다. 한큐 전철의 우메다역에 긴 에스컬레이터가 설치되고, 서두르는 사람들을 위해 영국식 '왼쪽 비우기'를 하도록 권장한 것이 최초였다고 한다.

1970년 오사카 만국박람회의 '무빙 워크'도 많은 외국 손님들에게 실례가 되지 않도록 영국식 '왼쪽 비우기'가 도입되었다. 일본에서는 오사카의 '한 줄 서기'가 '왼쪽 비우기'의 기원이라고 할 수 있다.

그렇다면 왜 도쿄는 오사카와 반대로 우측을 비우게 되었을까?

다양한 설이 존재하는데, 자동차의 좌측통행(추월차선이 우측)에 따른 것이 아니냐는 설이 유력하다.

참고로 도쿄에서 한 줄 서기(오른쪽 비우기)가 본격적으로 널리 퍼진 것은 의외로 최근인 1989년 무렵부터라고 한다. 지하철 지요다센千代田線인 신오차노미즈 역新御茶ノ水駅에 기다란 에스컬레이터가 설치되었을 때, 오른쪽 비우기가 매너로 정착되기 시작한 것이 계기라 한다.

'왜 관동과 관서에서 에스컬레이터의 걷는 쪽이 달라? 라고 물으면 …

관서지방은 왼쪽　관동지방은 오른쪽

why?

This is said to be due to introduction of
the English system in the Kansai region,
compared to following the "fast lane rule"
observed on Japanese highways
when riding elevators in the Kanto area.
関西ではイギリス式を導入したため、関東では車の通行ルールになら
ったためと言われています

**관서에서는 영국식을 도입했고, 관동에서는 자동차 통행법을
따랐기 때문이라고 합니다.**

18. 사찰 등의 오래된 간판은 왜 가로쓰기 글자가 '오른쪽에서 왼쪽으로' 쓰여있는가?

お寺などの古い看板はなぜ横書きの文字が「右から左」に書かれている？

앞에서부터 읽어도 뒤에서부터 읽어도 동일하게 들리는 것이 '신문지しんぶんし'나 '대밭이 불탔다たけやぶやけた'와 같은 회문이다. 이들은 히라가나로 쓰거나, 소리 내어 읽어야 그 흥미로움을 알 수 있다. 회문이라 해서 신문지를 '紙聞新'라고 쓰면 의미가 통하지 않는다. 마찬가지로, 가로쓰기를 오른쪽에서 왼쪽으로 '신문지'라고 써도 읽기 어렵다.

그런데 '가로쓰기'임에도 불구하고 오른쪽에서 왼쪽으로 역순으로 써 있는 것도 있다. 절이나 신사의 표찰, 정식으로는 편액扁額이다. 보통이라면 왼쪽부터 'ㅇㅇ절'이라고 쓸 것을 '절ㅇㅇ'으로 쓰여있다. 오른쪽 가로쓰기를 하는 이유는 무엇일까?

그것은 옛날 일본에서는 세로쓰기도 가로쓰기도 오른쪽에서 왼쪽으로 써

가는 것이 보통이었기 때문이다. 한자는 오른쪽에서 왼쪽으로 읽어가는 것을 전제로 문자의 모양이 만들어져 있다.

하나의 글자를 다 쓴 후 아래로 갈지, 왼쪽(혹은 왼쪽 위)으로 갈지 정해져 있다. 그래서 옛날에는 오른쪽에서 왼쪽으로 쓴 것이다.

단, 편액이 오른쪽에서 왼쪽인 것에는 다른 설도 있다. '1줄 1글자 덩어리(mass)'에 세로쓰기를 했기 때문에 오른쪽에서 왼쪽으로 흐른다는 것이다. 이 설에 따르면 가로쓰기가 아닌 세로쓰기의 법칙으로 쓰여진 결과가 오른쪽 가로쓰기로 보이는 것이 된다.

아무튼 옛날에는 오른쪽에서 왼쪽으로 쓰여진 일본어가, 왜 왼쪽에서 오른쪽이 되었을까? 그것은 에도 시대 후기, 난학蘭学 등 서양 학문이나 문화가 일본에 들어왔기 때문이다.

1788년에 네덜란드 문화와 학문을 소개한 '난학계제蘭学階梯'가 발행되었는데, 그 안에 왼쪽 가로쓰기의 네덜란드어가 소개되어 있다. 1885년에 작성된 외국어 사전에서는, 아직 '일본어는 세로쓰기, 외국어는 가로쓰기'로 표기되어, 사전을 90도로 회전시키지 않으면 읽을 수 없어 불편했다고 한다.

가로쓰기 문화는 그 후, 일본에 침투하여 제2차 세계대전 전에는 곳곳에서 일본어도 왼쪽 가로쓰기의 문서가 생겼다고 한다.

참고로 신문이 표제의 왼쪽 가로쓰기를 채용한 것은, 종전 직후인 1946년 1월 1일 자의 당시 요미우리호치신문読売報知新聞이 최초였다고 한다. 재판소에서는 오랫동안 세로쓰기 문서였는데, 2001년 1월 1일부터 왼쪽 가로쓰기가 사용되고 있다.

일본어에서 왼쪽 가로쓰기가 사용된 것은, 서양 문화가 들어온 것이 계기이지만, 절이나 신사는 그 이전부터이다. 그래서 편액이 오른쪽 가로쓰기인 것이다.

럭비 월드컵에서 일약 유명해진 고로마루 아유무五郎丸歩선수는 그 경기뿐 아니라 이름도 주목 받았기 때문에, 스포츠에 흥미가 없었던 사람도 기억하고 있는 게

아닐까? 최근 TV에서도 '노넨能年' '미우라水ト' '모토카리야本仮屋' '고리키剛力' 등, 흔하지 않은 성이 두드러지고 있다.

반면 압도적으로 많은 것이 '사토佐藤' '스즈키鈴木' '다카하시高橋' '다나카田中' 등이 있다.

에도 시대까지 성은 무사나 귀족에 한하여 허락되었다. 상인이나 촌장庄屋 중에 성을 쓰는 사람도 있었지만, 특별한 공로를 세운 인물 등 예외는 공식적으로 인정되지 않았다. '성씨와 검의 허가苗字帯刀'는 무사의 특권이었던 것이다.

그런데 메이지 시대가 되고 3년째인 1870년에 '평민성씨허가령平民苗字許可令'이 나오고, 누구나 성을 가질 수 있게 되었다. 그런데 성을 사용하려고 하지

않은 사람이 있었기 때문에 1875년에는 '평민성씨필칭의무령平民苗字必称義務令'이 발령되어 반드시 성을 가질 것이 의무화되었다.

상인이나 농민들 중에는 공식적이지는 않지만, 사적으로 성씨를 사용하고 있던 사람도 있다. 그들은 그 성씨를 신고했을 것이다. 하지만 성씨를 가지지 않았던 사람은 새롭게 성씨를 붙이게 되었다. 일본은 압도적으로 농민의 비율이 높았기 때문에, 벼농사에 관련된 성씨가 붙여진 경우가 많았던 것 같다.

예를 들어, '다나카田中'는 '논田んぼ'에서 유래된 것이라 한다. 마찬가지로 '우에다上田' '야마다山田' '나카타中田' 등, 논田이 붙는 성은 이 패턴이다. 스즈키鈴木는 수확한 벼를 말릴 때, 하나의 막대기를 세워 거기에 포개어 쌓았는데, 그 막대기를 '스즈키'라고 읽은 것에서 유래한다.

또한 '사토佐藤' '가토加藤' '이토伊藤' 등의 '등나무藤'가 붙는 성은, 헤이안 시대에 활약한 귀족, 후지와라씨藤原氏와 관련된 것이라고 한다.

일찍이 일본인은 일생 동안 몇 번이고 이름을 바꿨다. 도쿠가와 이에야스는 아이 때의 이름이 '다케치요竹千代', 성인이 되고 '모토노부元信', 그 후 '모토야스元康' '이에야스家康'로 바꾸었다.

하지만 현재는, 태어났을 때 부모가 지어준 이름을 원칙적으로 평생 사용한다. 그래서 부모는 아이의 이름 때문에 골머리를 앓는다.

지금은 이색적인 이름이라고들 하는데, 메이지 시대의 문호, 모리 오가이森鷗外는 이미 자신의 아이들에게 마리茉莉, 안누杏奴, 후리쓰不律, 루이類라는 당시 일본인으로서는 극히 드문 이름을 지었다. 장래 일본인이 외국과 교류할 것을 예상하여, 서양인도 부르기 쉽게 했다고 한다.

그런데 메이지에서 쇼와에 걸쳐서는, 눈에 띄는 이름이 넓게 지어졌다. '가즈코和子' '사치코幸子' 등 '코子'가 붙는 여성의 이름이다.

1920년에서 1957년 무렵까지 여성의 이름 1위부터 10위까지를 '○○코'가 독점했을 정도이다. 1970년대까지 여성의 이름이라고 하면 '코子'가 붙는 것이 당연한 일이었다. 왜일까?

사실 '○○코'가 그렇게까지 많았던 것은, 오랜 역사 속에서도 그 시기뿐이다. 오히려 '코'가 붙는 것은 남성의 이름이었다. 일본 역사에 등장하는 아스카 시대飛鳥時代의 '소가노 우마코蘇我馬子'[1]도 '오노노 이모코小野妹子'[2]도 남성이다.

원래는 중국의 '공자' '노자' 등, 위대한 사상가의 이름에 선생님을 의미하는 '子'가 붙었기 때문이다.

그 후, 고귀한 여성에게도 '코'가 붙게 되었다. 겐지모노가타리源氏物語[3]를 쓴 무라사키 시키부紫式部가 섬긴 것은 '쇼시彰子'[4]이고, '헤이케모노가타리平家物語'[5]에 등장하는 다이라노 기요모리平清盛[6]의 딸은 '도쿠코(노리코)德子'이다.

이 때문에 오랫동안 일본에서 'ㅇ코'는 일반 서민이 가볍게 사용해도 되는 이름이 아니었다고 한다. 메이지 시대 후반이 되자, 그 의식이 약해졌고 그에 맞춰 많은 부모들이 자기 딸에게도 고귀한 이름을, '코'를 붙이기 시작했다.

지금은 여자 아이의 이름에 'ㅇ코'를 붙이는 것은 진부한 이미지로, '촌스럽고 흔한 이름しわしわネーム'으로서 재평가되고 있다.

일상 생활 속에서 아무렇지도 않게 사용하고 있는 단어가 외래어라는 사실을 듣고 놀라는 일이 있다.

예를 들어, 인기 있는 일본의 대표 요리 '덴푸라'는, 원래 포르투갈어로 '조리'를 의미하는 'tempero'나, 고기나 생선을 사용하지 않는 포루투갈 쇼진요리精進料理를 의미하는 'templo'가 어원이라는 설이 있다.

또 영어라고 생각했는데, 실은 다른 나라의 말인 경우도 있다. 호텔의 '컨시어지(concierge)'는 원래 프랑스어의 '아파트 관리인', 아르바이트도 독일어로, 영어로는 'part time job=파트 타임 잡'이다.

도쿄의 지하철도 그중 하나. 지하철을 미국에서는 'subway=서브웨이'라고 하고, 영국에서는 'tube=튜브'라고 부른다. 그런데 도쿄에서는 '메트로'이다. 일본을 방문한 외국인 관광객에게 지하철을 영어로 설명할 때, 메트로라고 해도 괜찮은 것일까?

결론부터 말하자면 '메트로'라도 의미는 제대로 통한다. 메트로란 원래 영어의 'metropolis=메트로폴리스'(수도나 주요 도시)나 '수도의, 주요 도시의'라는 의미인 'metropolitain=메트로폴리탄'의 약어이다.

이것이 지하철을 의미하게 된 것은 프랑스 파리의 철도망이 세계적으로 알려져 'Chemin de Fer métropolitain=슈망 드 페흐 메트로폴리탱'으로 불렸기 때문이다. 이것이 짧게 '메트로'가 되었다.

현재, 포르투갈 리스본의 지하철은 리스본 메트로라고 불리고 있고, 네덜란드의 암스테르담 지하철도 메트로, 타이의 방콕 지하철은 '방콕 메트로'가 경영하고 있으며, 필리핀 마닐라의 철도는 '마닐라 메트레일'이라 불리고 있다. 메트로가 철도나 지하철을 나타내는 말이라는 것은, 세계 각지에서 사용되고 있는 것을 통해서도 알 수 있다.

참고로 도쿄 이외의 주요 도시에서는 지하철을 메트로라 부르지 않고, '지하철'이라고 부르는 경우가 많은 것 같다.

도쿄와 요코하마 사이에 전화가 개통
된 것은 1890년 12월 16일이다. 이 때문
에 이 날은 '전화의 날'로 제정되었다.
당시 전화부는 책자가 아니라 1장의 종
이였다고 한다. 가입자 수가 적어서 가
입자 전원을 열거해도 1장의 종이에 다
들어간 셈이다.

그 후, 전화는 급속하게 보급되었고 지
금은 한 집에 한 대뿐 아니라, 한 사람이
여러 대의 스마트폰을 소유하는 시대가
되었다. 스마트폰이나 휴대전화의 전화
부 기능에서 상대방을 선택하여 전화할
수 있기 때문에, 상대방의 전화번호를 외울 일도 적어졌을 것이다.

그런데 전화번호는 대부분 '0(제로)'부터 시작한다. 맨 처음의 제로는 무엇을
나타내고 있을까?

이것은 '시외 국번'이라 불리는 번호로 고정전화에서 전화를 걸 때는, 이 제
로를 누르기도 하고 누르지 않기도 한다.

고정전화는 보통 '0XX-XXX-XXXX'와 같은 형식의 번호인데, 맨 처음의 제

로부터 시작하는 블록이 시외 국번이다. 도쿄 도내에서 도내로 전화를 하는 등, 동일한 지역의 상대방과 고정전화로 통화할 때는 시외 국번을 붙이지 않는다. 제로부터 시작되는 맨 처음의 블록을 누르지 않는 것이다.

반대로 동일한 지역이 아닌 상대방과 통화할 때는, 시외 국번을 붙인다. 즉, 제로는 같은 지역 내의 통화인지, 지역 외 상대방과의 통화인지를 구별하기 위한 기호인 것이다.

제로부터 시작하는 시외 번호를 붙여 고정전화에서 발신하면, 전화국에 있는 교환기가 '앗! 지역 외로 거는 전화다'라고 판단하여, 상대방의 고정전화를 찾아 연결시켜 주는 것이다.

또한 '1'부터 시작하는 번호는 긴급성이나 공공성이 높은 서비스로, '110'이 경찰, '119'가 소방, '177'은 일기예보 등으로 정해져 있다.

참고로 PHS나 스마트폰, 휴대전화의 '070' '080' '090'은 시외 국번이 아니다. 휴대전화나 PHS인 것을 나타내고 있다. 이동 가능한 전화는 어디에서 통화하는지 모르기 때문에 시외 국번이라는 개념이 없다.

23. 경찰은 '110', 소방이 '119'가 된 사정은?

警察は「110」、消防が「119」になった事情って？

주소나 이름으로 전화번호를 찾고 싶을 때는 '104', 전화로 일기예보를 묻고 싶을 때는 '177', 정확한 시각을 알고 싶으면 '117' 등, 전화로 간단히 다양한 정보를 얻을 수 있는 '전화의 세 자리 번호 서비스'가 있다. 지금은 스마트폰의 보급으로 확연히 이용자들이 줄지 않았을까? 스마트폰이 있으면 전화번호는 인터넷을 통해 찾아볼 수 있고, 일기예보는 앱으로 알 수 있으며, 시각은 항상 스마트폰 화면에 표시되어 있다.

단, 아무리 스마트폰이 보급되어도 '110'과 '119'의 긴급번호는 인터넷이나 앱으로는 대체할 수 없을 것이다. 역시 긴급할 때에는 전화하는 것이 빠른 길이다. 그런데 '110'은 경찰, '119'는 소방에 대한 신고인데, 이 두 종류의 번호는 만국 공통이 아니다. 미국은 경찰도 소방도 구급도 '911'이고, 러시아는 두 자리로 경찰이 '02', 구급이 '03', 소방은 '01'이다. 영국은 미국과 마찬가지로 경찰도 구급도 소방도 같지만, '999'와 '112' 두 종류가 있다. 일본은 왜 '110'과 '119'인 것일까?

사실 원래 소방에 대한 신고는 '112'였다. 1926년에 소방 신고는 '112'로 되어 있었는데, 당시는 다이얼식의 전화였다. '1'과 '2'가 가깝기 때문에, 허둥지둥 전화하다가 번호를 틀리는 사람이 속출했다고 한다. 그래서 1927년에 '11'은 그대로 두고, 끝에 있는 '2'를 '1'에서 가능한 먼 '9'로 변경했다. 경찰에 신고는 당초, 도쿄나 오사카 등 주요 도시마다 달랐다고 한다. 그것을 1954년부터 전국 공통의 '110'으로 통일했는데, 소방 '119'와 마찬가지로 '11' 다음에는 '1'에서 먼 '0'이 선택되었다.

또한, 당초 소방 신고가 '112'가 된 것은 다이얼 시간을 가능한 짧게 하기 위함이었다. 세계에서 '112'를 경찰이나 구급, 소방 신고로 채용하고 있는 곳은, 한국이나 이탈리아 등이 있는데, 같은 이유라고 생각할 수 있다.

'배로 갚아주겠다!' 의 결정적인 대사와 함께 화제가 된, 은행을 무대로 한 TV드라마가 큰 인기를 끌었다. 출세 다툼, 파벌 간 항쟁 등에 휘둘리면서도 주인공이 은행장(頭取)을 목표로 하는 이야기다.

도도리頭取란 은행의 톱을 가리키는 말로, 일반 기업의 사장에 해당된다. 왜 은행에서는 '사장'이 아닌 '도도리'이라고 불리는 것일까?

도도리의 어원은 아악에서 주로 관악기의 주연 연주자를 가리키는 '선창자音頭取り'에 있다. 이윽고 노能나 가부키에서 작은북을 담당하는 세 명 중 중앙에 앉는 주석연주자도 '도도리'라고 불리게 되었다. 그때부터 '선창을 하는 사람' '집단을 관리하는 우두머리'라는 의미가 되어, 가부키 등의 극장에서 대기실을 책임지는 사람이나, 스모 개최에서 선수를 관리하는 사람을 '도도리'로 부르게 되었다. 참고로, '대표 이사筆頭取締役'을 줄여, 도도리라고 부르게 되었다는 설도 있다.

　예능에서 사용하던 말을 은행에서 사용하게 된 경위는, 1869년 메이지 정부에 의해 은행의 전신인 '환율 회사'가 설립되었을 때, 출자자를 한데 모으는 대표를 도도리라고 불렀던 것이 시작이라고 한다. 그것이, 1872년에 국립은행조례가 제정되고, 그중에서 호칭을 도도리로 한 것에서 은행의 톱이 '도도리'로 정착되었다.

　단, 모든 은행에서 대표자를 도도리라고 하는 것은 아니다. 미쓰이스미토모은행三井住友銀行은 '도도리 겸 최고집행임원(대표이사)', 도쿄미쓰비시UFJ은행東京三菱UFJ銀行은 '도도리', 미즈호은행은 '이사도도리取締役頭取(대표이사)', 리소나은행은 '이사 겸 대표집행사장取締役兼代表執行役社長'이다. 신용금고에서는 이사장이라 하는 곳이 많고, 신탁 은행의 대부분은 사장이라고 부른다. 또, 인터넷 전용 은행도 사장이다.

　게다가 일본 중앙은행인 일본은행의 수장은 도도리도 사장도 아니다. 바로 '총재'이다.

(일본에서) 오후 3시를 몇 분 지나지 않았는데 벌써 은행 창구 셔터가 내려지는 바람에 어리둥절한 적이 있는 사람들도 많지 않을까? 은행원은 이렇게 빨리 일이 끝나나? 편한 직업이네 하고 생각할 수도 있지만, 이것에는 이유가 있다.

은행은 영업을 종료한 오후 3시 이후가 바쁘다. 돈의 '결산'이라는 작업이 이루어진다. 이것은 하루 동안 취급한 전표를 정리하고 계산하여, 은행에 있는 실제 돈과 맞춰보는 작업을 말한다. 은행에서는 돈이 1엔이라도 맞지 않으면 집에 갈 수 없다고 자주 말하는데, 이것은 어느 의미로는 사실로, 전표상 금액과 실제 돈이 일치하지 않으면 원인 규명이 완료될 때까지 돌아가지 못한다고 한다.

이런 결산 처리 외에도 현금수송의 준비, 수표나 어음의 처리와 현금 수송 등의 업무가 있기 때문에, 오후 3시에 창구를 닫을 필요가 있는 것이다.

이러한 업무상의 필요성과는 별도로, 법률에 근거하는 이유도 있다. '은행법 시행규칙'에서 은행의 영업시간은 오전 9시부터 오후 3시까지로 규정하고 있는 것이다. 이 규칙에는 영업 사정으로 시간을 연장할 수 있다는 항목도 있는데, 많은 은행에서 필요로 하는 최소 영업시간을 채택하고 있다는 것이다.

외국에서도 이렇게 빨리 은행 창구를 닫을까? 미국이나 캐나다에서는 일본과 마찬가지로 오전 9시부터 오후 3시까지가 많은데, 영국이나 프랑스는 오후 4시 반, 호주는 오후 4시, 중국 베이징은 오후 5시까지 여는 것 같다. 해외에서는 토요일, 일요일에 영업하는 은행도 있다.

그런데 일본에서도 최근에는 기계화가 더욱 진전되고 있어, 결산 처리에 필요한 시간이 단축화되는 경향이 있다. 그 때문에 오후 4시나 오후 5시까지 영업하고 있는 은행도 있고, 수도권 점포에 한하여 오후 7시까지 영업하는 등, 점포에 따라 영업시간에 약간 차이가 있다.

크리스마스의 이미지 컬러로 말하자면, 빨간색과 녹색이다. 산타클로스의 빨간 옷과 호랑가시나무의 녹색부터, 선물 포장에는 빨간색과 녹색의 색조를 잘 조합하는 것이 정석이다.

그렇다면 흰색과 검은색으로 연상되는 것은? 판다라고 말하는 사람도 많겠지만, 일본인이라면 경찰차를 떠올릴지도 모른다. 차체의 윗부분이 흰색이고, 아랫부분이 검은색이라는 투톤 컬러의 경찰차는 아무래도 일본의 특색인 것 같다. 영국에서는 파란색과 노란색의 배색이고, 이탈리아에서는 파란 단색의 경찰차가 달린다. 중동 두바이에는 흰색과 회색의 선명한 람보르기니의 경찰차가 도입되어 화제가 되었다. 해외 경찰차는 화려한 것 같다.

그렇다면, 일본 경찰차는 왜 흰색과 검은색인 것일까? 일본에 처음 경찰차가 등장한 것은 1949년이다. 미군으로부터 오픈카를 양도받아, 미국 경찰차와 동일하게 흰색과 검은색으로 분리하여 칠한 것이 제1호이다. 그 이유는 당시 도로를 달리고 있는 일반 차량의 대부분이 흰색이었기 때문에, 일반차량과 명확하게 구별하기 위해서였다. 1955년에 전국 경찰에서 흰색과 검은색의 투톤컬러로 통일되었다고 한다.

경찰청에서는 경찰차에 대하여, 차체를 흑백으로 칠하고 빨간색 등과 확성기를 구비하여, 도도부현都道府県명칭을 표시하라는 방침을 만들었는데, 세세한 규정은 없다. 그 때문에 각 도도부현의 현청(지방 관청)에 의해 디자인이 미묘하게 다르다. 예를 들어, 아오모리 현의 경찰차에는 하얀 새의 그림이 그려져 있다. 도쿄 경시청은 2007년에 외국인이라도 경찰 차량인 것을 판별할 수 있도록, 영어 'POLICE'를 차체에 표기하도록 변경했다.

참고로, 경찰차와 같은 흰색과 검은색 디자인의 일반 차량은 거의 볼 수 없는데, 이런 배색을 사용해서는 안 된다고 법률로 금지되어 있지는 않는 것 같다. 택시의 지도指導 차량이나 지역 방범 경찰차, 경비 회사 등에서 비슷한 디자인의 차량이 채택되고 있는 경우가 있다.

27. 녹색인데 왜 '청신호'?

(일본에서는) 녹색 야채를 '푸른 채소靑菜'라고 부르는 경우가 있는데, 녹색인데 왜 '파란색'이라고 하는지 생각한 적은 없는지? 녹색 사과도 '푸른 사과靑りんご'인데다가, 뭐니뭐니 해도 이상한 것이 청신호이다. 아무리 보아도 녹색인데 '파란색'이라니! 법률상 호칭도 '청신호'이다.

1930년에 도쿄 히비야 교차점에 최초로 설치된 교통신호기는 미국에서 수입된 것으로, 빨·초·노 세 가지 색이었다. 법률상으로도 당시는 '녹색'이라고 했다. 이것이 서서히 '청신호'로 불리게 된 것에는 몇 가지 이유가 있다.

하나는, 원래 일본어의 '파란색'이 나타내는 색의 범위가 넓어서, 파란색이나, 녹색, 검은색과 같은 추운 느낌을 주는 색 전체를 나타내는 색이었다는 점

이다. 푸른 채소나 푸른 사과처럼 녹색임에도 '파란색'이라고 부르는 것도 이 때문이다.

참고로 '녹색'은 원래 색의 이름이 아닌, 새싹이나 어린 가지를 나타내는 명사로, '싱싱하다若々しい'나 '신선하고 생기가 있다みずみずしい'라는 의미를 가진 형용사였다. '산의 녹색이 싹트다'와 같은 표현에서도 알 수 있을 것이다. 그 색을 옛날에는 '파란색'이라고 불렀던 것이다.

또 신호기가 도입된 당초부터 신문 등에서는 '청신호'라고 표현했기 때문에, 이것이 널리 퍼졌다고 생각할 수 있다. 이렇게 청신호라는 호칭이 일반적이었기에, 1947년에 법률상 호칭도 '청신호'로 바뀌었다는 경위가 있다.

그렇다면 이 청신호의 실제 색은 무슨 색일까? 경찰청에 따르면, 파란색과 녹색 사이로, 녹색에 가까운 색이라고 하는데, 색의 이름은 없다. '파란 빛이 도는 녹색'이라는 표현이 가장 가까울 것이다. 외국에서는 녹색에 더 가까운 색이 채택되고 있지만, 빨간색과 녹색을 구분하기 어려운 색맹인 사람들을 위한 배려로 일본에서는 파란색에 가까운 색을 사용하고 있다고 한다.

참고로 세계 최초의 신호는 빨간색과 흰색, 두 가지 색이었다. 지금부터 160년경 전, 영국 철도회사가 빨간색을 위험의 신호, 흰색을 안전의 신호로 채택한 것이 시작이었다. 그러나 흰색이 가로등과 헷갈린다는 이유로 녹색으로 바뀌었다는 것이다.

28. '곤니치와'란 원래 무슨 뜻?

누군가를 우연히 만났을 때, 이름이 생각나지 않아서 멋쩍어 한 적이 있을 것이다. 그럴 때 편한 것이 인사이다. 일단, 인사말을 건네고, '그럼 다음에 천천히 이야기로 해요'라는 식으로 말하면 그 장소에서 벗어날 수 있다.

그런데 이 인사말의 유래는 불교용어라는 것을 알고 있을까? 서로가 질문하는 선종의 수행을 인사라고 불렀다. 그것이 어느샌가, 일상생활 속에서 만났을 때 주고받는 말로서 전용된 것이다.

일본 인사의 정석이라 하면, 아침에는 '오하요ぉはょう', 점심에는 '곤니치와こんにちは', 밤이 되면 '곤방와こんばんは'이다. 그리고 헤어질 때는 '사요나라さょうなら'이다. 이 '곤니치와'란 어떤 의미일까?

'곤니치와'란 '오늘은 날씨가 좋네요今日は、いい天気ですね'라는 말의 '오늘은今日は'만이 남아서 인사로서 정착된 것이다. 참고로 '오늘'은 '교きょう'가 아니라, 옛날에는 '곤니치こんにち'라고 하는 것이 일반적이었다. 무로마치 시대의 교겐狂言[7]대본에도 '곤니치와こんにちは(당시 발음은 곤닛타コンニッタ)'라고 기록되어 있다고 한다. 가끔 '곤니치하こんにちは'인지 '곤니치와こんにちゎ'인지, 어느 쪽을 쓰는 것이 올바른 것인지 망설이는 사람도 있는데, '곤니치하こんにちは'가 맞다. '곤방와'도 마찬가지로 '오늘밤은 좋은 밤이네요今晩は、いい夜でございます'라는 말의 모두인 '곤방와'만이 남아, 인사로서 정착했다.

아침 인사 '오하요'는 '하야쿠早く'를 정중하게 말하는 '오하야쿠ぉ早く'에서

왔다. '오하요고자이마스'란 아침 이른 시간대에 만난 사람에게 '오하야쿠(오
하요)고자이마스'와 같은 건네는 말이었다.

　그렇다면 헤어질 때의 '사요나라'는? 이것은 '그렇다면, 오늘은 이걸로 실
례하겠습니다左様ならば、本日はこれにてお暇いたします'의 모두冒頭(글의 첫머리)이다. 지
금은 '그럼それじゃあ' 등이라고 말하고 헤어지는 일이 있는데, 어원은 같은 셈
이다.

29. 일본어에는 왜 한자, 히라가나, 가타카나가 혼재하고 있나?

日本語にはなぜ漢字、ひらがな、カタカナが混在しているの?

거리에 있는 소바집 간판을 자세히 보면 '기소무きそむ'라고 써있는 것처럼 보인다. 게다가 '무む'로 보이는 글자에는 탁음을 나타내는 점점이 붙어있지 않은가…? 마찬가지로 장어집 간판에는 '우후기ぅふぎ'라고 보이는데, 사실 옛날 히라가나로 '우나기ぅなぎ'라고 쓰여있다. 이 '무む'나 '후ふ'로 보이는 문자는 사실 지금은 사용되지 않게 된 옛날 히라가나이다.

히라가나는 헤이안 시대에 한자의 음을 나타낸 문자로서 생겨났다. 와카和歌[8]를 짓는 데는 만요가나万葉仮名[9]가 생겨난 것이 기원이다. 한자의 의미는 무시하고 '夜露死苦'라고 쓰고 '요로시쿠よろしく'라고 읽게 한 것이다. 이 만요가나가 발전한 것이 히라가나이다. 그래서 일본에는 한자와 히라가나가 있다.

히라가나가 생겨나고 나서 여러 가지 한자에서 다양한 히라가나가 생겨났다. 옛날에는 몇 백 종류의 히라가나가 있었다고 한다. 같은 '아ぁ'라도 한자의 '아阿'에서 만든 히라가나도 있으며, '안安'에서 만든 것도 있다. 히라가나가 한 음에 한 글자라고 정해진 것은 1900년(메이지 33년)의 일이다. 이후 소바집의 '무む'로 읽거나, 장어집의 '후ふ'라고 보인 히라가나도 점점 모습을 감추게 되었다.

한편 가타카나의 탄생도 마찬가지로 헤이안 시대이다. 일본에 들어온 외국 문화를 표현하기 위해서 생겼다고 생각하는 사람도 있을지 모르겠는데, 그렇지 않다. 옛날, 절에서 수행하고 있던 승려가 경전을 읽기 쉽게 하기 위해서 한자 옆에 읽는 법 등을 메모처럼 적은 것이 시작이다. 그때, 한자의 일부를 사용한 간단한 문자를 고안하여, 그것을 사용해 메모를 했다. 그것이 가타카나로서 널리 퍼졌다. 즉, 히라가나도 가타카나도 한자에서 만들어졌다. 히라가나는 한자의 음을, 가타카나는 한자의 일부를 문자로 한 것이다.

또한 히라가나나 가타카나가 헤이안 시대에 생겨난 이후, 오랫동안 히라가나는 여성이 사용하는 문자, 남성은 한자나 가타카나를 사용하게 되었고, 가타카나 쪽이 공적인 문자로 취급되었다. 옛날 교과서나 법적 문서가 가타카나로 기록되어 있는 것은 이 때문이다.

　전 세계 사람들에게 친숙한 코카콜라의 본사는 미국 애틀랜타에 있다. 세계적인 럼주 제조사인 바카디는 쿠바가 발상으로, 현재 본사는 버뮤다 제도의 해밀턴이다. 럼 베이스의 칵테일인 바카디 모히토가 인기다. 코카콜라와 바카디의 의외의 공통점, 그것은 두 회사 모두 '영국 왕실 납품업자'이다.

　왕실 납품업자라는 단어에서, 고급수트나 드레스, 보석, 홍차 등을 떠올릴 수도 있지만, 왕실에서 일하는 사람들의 작업복부터 정원의 잔디 깎기 기계, 왕실에서 사용하는 차의 엔진오일 등, 주변 상품부터 귀금속까지 전 세계에서 골라 뽑은 약 800상품이 왕실 납품업자로서 인가를 받고 있다.

　이 '납품업자御用達'라는 표기는 일본에도 있다. '궁내청 납품업자宮内庁御用達' 또는 '황실 납품업자皇室御用達'라고 쓰여있는 것을 본 적이 있을 것이다. 황실이나 궁내청에 물건을 납입하는 것이므로, 엄격한 심사를 거쳐 납품업자라는 이름을 댈 수 있는 허가를 받았음에 틀림없다며, 상품의 질이나 가치에 신뢰를 보내는 사람도 많을 것이다.

그런데 이 궁내청 납품업자는 오랜 옛날 폐지되었다. 그 제도가 시작된 것은 1891년이다. 당시 궁내성宮內省에 의한 엄격한 심사를 통과한 사업자에게 '궁내청 납품업자'의 상표와 황거皇居(일본 천황과 그 가족들이 살고 있는 궁성)를 드나들 수 있는 통행증이 수여되었다. 그 후, 궁내청宮內庁이 된 1954년에 납품업자제도는 폐지되었다.

지금부터 약 60년 전에 폐지되었는데, 지금도 궁내청 납품업자의 간판을 내걸고 있는 점포가 있다. 그 대다수는 그 제도가 있었던 시대부터 궁내청에 납품을 했던 실적이 있는 업자나 황족에게 상품을 헌상하고 있는 업자이다. 그런 의미에서 뛰어난 품질임에 틀림없다는 것이다.

단, 문제는 궁내청과 거래가 없음에도 불구하고, '궁내청 납품업자'를 마음대로 사용하는 업자도 있다는 것이다. 게다가 법적으로 문제가 없다는 것이 놀라운 일이다. 부당 경품류 및 부당 표시 방지법景品表示法은 소비자에게 오해를 주는 과장된 표시나 거짓 표시를 금지하고 있는데, 그것은 상품의 품질에 관한 것이다. '궁내청 납품업자'는 궁내청과의 거래 유무를 나타내는 것으로, 품질과는 관계가 없다.

거짓말을 해도 부당 경품류 및 부당 표시 방지법으로는 위법이 되지 않는다는 것이다.

31. 크기의 예로 자주 쓰이는 '도쿄 돔 ○개 정도', 실제로는 어느 정도?

大きさの例でよく使われる「東京ドーム○個分」。実際どれくらい?

키티의 키는 사과 5개 정도이다. 이것이라면 간단히 상상할 수 있는데, 도쿄 디즈니랜드는 도쿄 돔 11개 정도라고 한다면 단번에 알아차리기 어려울 수도 있다. 크기나 넓이를 강조하고 싶은 경우에 '도쿄 돔 ○개 정도'라는 표현을 자주 쓰는데, 면적이나 부피를 나타내는 단위로서 완전히 정착한 느낌도 있다. 그런데 도쿄 돔에 가본 적이 없는 사람에게는 실제 넓이나 크기가, 감이 오지 않아서 막연하게 상상할 수밖에 없다.

도쿄 돔의 크기인 안쪽 용적은 124만m^3이다. 건축 부분도 포함하는 총 면적은 4만 6,755m^2으로, 유원지 산리오 퓨로랜드와 비슷한 규모이다. 그라운드 면적은 1만 3,000m^2이다.

한편, 오사카 등 관서권에서 자주 예로 드는 것이 우메다에 있는 오사카 마루빌딩이다. 이 빌딩은 안쪽 용적이 16만 2,000m^3으로, 도쿄 돔의 7분의 1 이하이다. 고시엔 야구장은 관객석까지 포함한 넓이가 3만 9,600m^2으로, 그라운드 면적은 1만 4,700m^2 정도이다.

이렇게 숫자를 열거해 보아도, 역시 딱 감이 오지 않는 사람도 있을지 모르겠다. 그래서 가정집의 욕실로 생각해 보자. 일반적인 욕조를 200리터라고 하면, 0.2m^3에 해당한다. 도쿄 돔이 124만m^3이기 때문에, 620만개나 되는 욕조가 도쿄 돔에 들어가게 되는 셈이다. 가정에서 욕조에 온수를 채우는데 대체

적으로 10분 걸린다고 하면, 도쿄 돔에 물을 가득 채우는데 6,200만 분으로, 약 103만 시간이 걸린다. 이것을 일수로 환산하면, 약 4만 3,000일로, 약 117년 이다.

도쿄 돔이 얼마나 넓어? 라는 질문을 받는다면 이렇게 가르쳐 주자. '당신 이 숙박하고 있는 호텔에는 욕조가 있겠죠? 거기에 온수를 채우는 것과 마찬 가지로 도쿄 돔에 온수를 채운다면, 가득 차는데 100년 이상이나 걸립니다' 라고 말이죠.

교토 금각사 金閣寺

제3장
게이샤는 왜 '부자연스러울 정도로 하얗게 화장을' 하는 것일까?
— 알아두고 싶은 일본 문화 11개의 발견

32. 다도의 예법, 왜 차를 마실 때 찻잔을 돌리는가?

茶道の作法、なぜお茶を飲むときに茶碗を回すのか？

중국 요리를 먹을 때 돌아가는 원탁테이블에서 식사를 하게 된다면, 테이블을 돌리는 방법에 주의가 필요하다. 테이블에서 다른 사람이 요리를 덜고 있지 않은 것을 확인한 후에, 테이블을 시계 방향으로 돌리도록 말이다. 먹고 싶은 요리가 눈앞을 지나갔다고 해서 '역회전' 시키는 것은 매너 위반에 해당한다.

식사나 차에는 나라마다 독특한 예법이 있다. 이집트에서는 소금 등의 조미료를 요리에 뿌리는 것은 요리를 대접해 준 사람에 대한 굴욕으로 취급하여, 매너 위반이라고 한다. 나라가 다르면 예법도 다른 것이다.

일본에서도 독특한 예법을 갖추며 먹는 것이 있다. 그중에서도 복잡한 예법에 따르고 있는 것이 다도이다.

집주인이 차를 가지고 오면, 차를 받은 손님은 먼저 가볍게 인사를 하고, 찻잔을 손으로 집어서 돌린다. 돌리는 방향도 정해져 있어서, 시계 바늘과 같은 방향으로 두 번 돌린다. 게다가 마신 후, 이번에는 시계 바늘과 반대 방향으로 두 번 돌린다. 즉, 찻잔을 받으면 '두 번 돌리고, 두 번 되돌리는 것'이다.

왜 찻잔을 돌리는 예법이 되었을까?

이것은 찻잔에는 '정면'이 있기 때문이다. 일반적으로 찻잔에는 모양이나 그림, 색, 형상 등의 외관이 가장 예쁜 곳을 정면으로 여기는데, 집주인은 손님을 대접하기 위해서 그 정면을 손님을 향해서 차를 내놓는다.

　손님이 그대로 찻잔을 들어 입을 대 버리면, 찻잔의 가장 아름다운 정면에 입을 대는 것이 되어버리기 때문에, 그것을 피하기 위해서 두 번 돌린다. 두 번 돌려, 정면이 딱 정반대를 향할 때를 파악해 두는 것도 중요한 예법이다.

　그리고 다 마신 후에도 검지 손가락과 엄지 손가락으로 입이 닿았던 곳을 살짝 닦고, 이번에는 시계 바늘과 반대 방향으로 두 번 돌려, 찻잔을 다다미 위에 둔다. 찻잔의 가장 아름다운 부분을 더럽히지 않는다는 겸허한 태도가, 이 예법에 포함되어 있는 것이다.

'왜 찻잔을 일부러 돌리는 거야?' 라고 물으면 …

Rotating tea ceremony teacups
is done to keep from touching
and standing the front of the cup
-the prettiest part.
茶碗を回すのは、もっとも美しい正面部分を汚さないためです

찻잔을 돌리는 것은 가장 아름다운
정면 부분을 더럽히지 않기 위해서예요.

33. 가부키[1]배우를 부를 때, 왜 '○○야(屋)!'라고 부를까?

歌舞伎役者への掛け声、なんで「○○屋！」って呼ぶの？

일본 전통예능이라 하면 가부키를 들 수 있다. 요즘에는 젊은 여성들에게도 인기가 있으며, 2013년에 리뉴얼된 가부키자歌舞伎座[2]는 긴자의 관광 명소가 되기도 했다.

그렇다고는 하지만 독특한 대사 표현이나 약속된 사항, 등장인물을 잘 몰라 초심자에게 문턱이 높은 것도 사실이다. 하지만 최근에는 이어폰 가이드나 자막 가이드를 대여해 주는 등, 초심자도 즐길 수 있도록 배려하고 있다고 한다.

그런데 가부키 공연을 실제로 본 적이 없어도, 하이라이트 장면에서 객석으로부터 배우를 향해 '○○야(屋)!'라고 위세 등등한 장단 소리가 날아오는 것은 알고 있을 것이다. 유명한 것을 예로 들면, 이치카와 단주로市川團十郎는 '나리타야成田屋', 오노에 기쿠고로尾上菊五郎는 '오토와야音羽屋', 나카무라 우타에몬中村歌右衛門은 '나리코마야成駒屋' 등. 여기에서 이상하게 생각되지 않는가? 왜 이치카와 단주로인데 나리타야일까?

이것은 '야고屋号'라고 하는 것으로, 무사 이외는 이름을 댈 수 없었던 에도 시대, 상인이나 농가가 거래를 할 때 사용했던, 집집마다 붙여진 명칭이다. 가부키 배우의 야고도 이에 따른 것이다.

에도 시대까지는 신분이 낮았던 배우의 지위가 인정되어, 큰길에 주거를 마련하는 것이 허용되었다. 단, 큰길은 상가가 많은 상점가였기 때문에 배우들도 장사를 시작할 필요가 있었다.

그래서 화장품이나 장신구 가게, 약국 등을 운영하며 가게 이름을 붙인 것이다. 이것이 야고가 되어 현재까지 이어지고 있는 셈이다.

가부키의 야고는 이치카와 소케市川宗家의 나리타야가 최초였다고 한다. 초대 이치카와 단주로의 아버지는 나리타산신쇼지成田山新勝寺와 인연이 있었던 것이다. 또 초대 단주로가 1695년에 상연한 '나리타부동명왕산成田不動明王山'이 대성공을 한 것 등이, 나리타야의 유래라고 하는데, 이것에 관하여 부업과는 그다지 관계가 없다.

참고로, 'ㅇㅇ야(屋)!'하고 장단을 맞추는 것은 '입석 관람객大向こう'이라고 한다. 극장의 뒤쪽에 있는 남성이라면 누가 해도 상관은 없지만, 관객들을 방해하지 않는 타이밍에서 말을 거는 등 불문율도 있기 때문에, 초심자는 이점을 잘 분별하고 나서도록 하자.

34. 니마이메는 꽃미남, 산마이메는 감초 역할. 그렇다면 이치마이메는?

二枚目はイケメン、三枚目はお笑い。では一枚目は？

'꽃미남イケメン'이란 용모가 잘생긴 남자를 말한다. 아주 최근에 생긴 말이라고 생각하기 쉽지만, 1999년에 당시 여성 잡지에서 '잘나가는 맨즈'라는 말을 사용한 것이 최초라고 한다.

꽃미남조차 15년 전에 있었던 말이라고 하면, 동의어인 핸섬이나 미남 등은 이미 사어(死語)일지도 모른다. 에도 시대부터 사용되어 온 '니마이메二枚目'라는 말을 듣고, 감이 오는 사람은 적을지도 모르겠다.

일본에서는 예전부터 미남을 '니마이메二枚目'라고 불렀다. 왜 니마이메라고 불렀을까? 장수(枚数)로 수를 세는 것은 왜일까?

이유는 가부키 배우의 간판을 세우는 순서에서 유래한다. 극이 시작되면 극장 입구에 출연하는 배우의 간판이 세워진다. 이 순서가 중요한 것이다.

인기는 있지만 주역이라고 할 수 없는 배우, 극 중에서 연애를 잘 연기하는 미남 배우의 간판이 두 번째에 세워진 것이다. 그래서 그들을 '니마이메'라고 불렀다.

세 번째에 세우는 것이 이야기를 풍성하게 고조시키는 익살꾼 역이다. 극은 멋있는 배우만으로는 성립되지 않는다. 스토리에 완급을 주기 위해서라도, 웃음이 필요하다. 극에서는 익살꾼 역도 매우 중요한 역할이다. 그래서 순서가 앞쪽인 '산마이메三枚目'에 익살꾼 역을 세웠다.

그렇다면 미남이나 익살꾼 역보다도 앞에 세워지는 '이치마이메一枚目'는 누구일까? 당연히 이야기를 만들어 가는데 가장 중요한 주역으로 맨 앞에 온다. 참고로 간판은 8개가 세워지는데, 마지막인 여덟 번째에는 극단의 단장이 세워진다.

TV나 인터넷조차도 없는 시대에, 극장 앞에 세워진 간판은 매우 중요한 광고 홍보물이었다. 상연 목록과 간판 순서로 어느 역을 누가 연기하는지, 관객들은 어느 정도 상상할 수 있었던 것이다.

35. 게이샤는 왜 '부자연스러울 정도로 하얗게 화장을' 하는 것일까?

芸者さんはなぜ「不自然なまでに白塗り」しているの?

과격한 록음악의 헤비메탈 멤버로 한 세대를 풍미한 'KISS'. 얼굴을 하얗게 칠하고 꺼림칙한 화장을 한 용모는 강렬한 임팩트였다.

이런 흑과 백을 기조로 한 화장을 '콥스 페인트'라고 부르는데, 악마 등을 상기시키는 연출이다. 1960년대에 태어난 헤비메탈은 1970년대에 '주다스 프리스트'나 '반 헤일런', '아이언 메이든' 등에 의해 세계적으로 널리 퍼졌다.

그런데 일본에는 그보다 훨씬 전부터 '하얗게 칠한' 화려한 화장이 있었다. 가부키 배우나 게이기芸妓(기생), 마이코舞妓의 화장이다. 가부키 배우는 얼굴을 하얗게 칠하고, 그 위에 역할에 따른 모양을 그려간다. 그리고 얼굴 무늬를 통해 선한 역할인지 악한 역할인지, 미남인지 아닌지 등을 알 수 있게 되어 있다.

이 화장을 '구마도리隈取'라고 한다. 처음 시작한 것은 초대 이치카와 단주로市川 團十郎라고 한다.

가부키 배우뿐만 아니라, 게이기나 마이코도 얼굴을 하얗게 칠하는 이유는 무엇일까? 일설에 따르면 그 이유는 조명과 관계가 있다고 한다. 에도 시대에는 전기가 없었기 때문에 밝은 빛은 양초뿐이었다.

그런데 양초가 밝히는 빛의 양은 결코 강하지 않다. 그래서 어둠 속에서도 얼굴이 예쁘게 비춰지고, 하얗게 보이도록, 그리고 표정의 음영이 확실히 전달되도록 하얗게 칠했던 것이다.

참고로 게이기, 마이코는 일본에서도 교토의 독특한 호칭이다. 게이기는 일반적으로 게이샤라고 부르고, 마이코는 게이기가 되기 위한 첫 단계로, 교토밖에 없었다.

또한 전기가 만드는 빛은 일정하지만, 양초의 빛은 언제나 흔들리고 있다. 그 점 때문에 사람의 마음을 온화하게 만드는 효과가 있다고도 한다. 흔들리는 빛 속에서 긴장을 풀고, 하얗게 화장한 게이기와 연회를 즐기는 것은 상당히 멋진 일일 것이다.

일본어와 영어로는 어떻게 대답할까? ④

'왜 게이샤는 얼굴을 하얗게 칠하는 거야?' 라고 물으면 …

That practice is said to date
from the days before electricity,
to make the faces of geisha
look pretty even in the dark.
電気がない時代、暗い中でも顔がきれいに見えるためと言われています

전기가 없던 시절, 어둠 속에서도 얼굴이 예쁘게
보이기 위해서라고 합니다.

　고대 그리스의 철학자 아리스토텔레스는 '행운을 만난 바보幸運に恵まれた愚か者'라는 말을 남겼다. 이것은 지성이나 교양도 없는데 갑자기 막대한 금전이나 재산을 손에 넣은 사람을 뜻하는 말로, 영어로는 '뉴 리치(new-rich)' 등으로 부르기도 한다. 일본어로는 소위 '나리킨成金'[3]이다. 이 나리킨이라는 말은 장기에서 유래한다.

　장기에서는 왕장王将과 금장金将 이외의 말, 즉 '보병步兵' '향차香車' '계마桂馬' '은장銀将'을 적진에 진입시킬 때, 그 말을 뒤집어 금장과 같은 기능을 하는 말로 사용할 수 있다. 이것을 '금이 되다金に成る'라고 하는데, 그것이 바뀌어 '나리킨'이라는 말이 생겼다고 한다.

　각각의 말 뒤쪽에는 공공연하게 금장과 같은 작용을 할 수 있게 된 것을 나타내는 글자가 쓰여 있는데, 왜인지 '보병步兵(줄여서 步)' 뒤쪽에는 '금金'이 아닌 '도と'라고 읽을 수 있는 글자가 쓰여 있는 것이다. 다른 말은 제대로 '금'이라고 쓰여 있는데 말이다.

그 때문에 보步가 된 것을 '도킨と숲'이라고 부르는데, 왜 '보'의 뒤만 금이 아닌 '도'를 닮은 글자인 것일까?

사실 옛날에는 '보'의 뒤에도 분명히 '금'이라고 쓰여 있었다. 하지만 '보'는 말의 수가 많기 때문에, 일일이 쓰기 귀찮았는지, 흘려 쓰게 되어 히라가나의 '도'와 비슷한 글자가 되어 버렸다는 설이 있다.

여기에서 중요한 것은 어디까지나 '도'와 비슷한 글자이지, '"도と"라고 써 있는 것은 아니라'는 점이다.

글자를 흘려서 썼다라는 설이 많은데, '금숲'과 마찬가지로 '긴きん'으로 읽는 '今'을 흘려서 썼더니 '도'와 비슷한 글자가 되었다라는 설도 있다.

하지만 한편으로 '도'라고 써있다라는 설도 있다. '보步'는 '지止'를 위아래에 두 개 조합한 글자이기 때문에, '지'의 약자인 '도'를 썼다라는 것이다.

최근 시판되는 장기 세트에서는 말의 사이즈가 작은 점도 있어서, 보의 뒤에는 가타카나 '도ト'가 써있는 것도 있다. '도ト'가 아닌 약자가 '도ト'로 보이는 것이라는 설을 생각하면, 가타카나 '도ト'라고 쓰는 것은 의미가 다르다고 할 수 있을 것 같다.

37. 스모는 왜 거의 알몸으로 싸우는가?

고대 올림픽에서 출전하는 선수는 전라全裸로 경기를 했다고 한다. 당시 경기는 단거리 달리기, 중거리 달리기, 레슬링, 원반 던지기 등이었다. 선수가 부정을 하지 않는 증거로서, 전라 상태로 경기에 출전했다고 한다.

지금도 몸에 두르는 것이라고는 '샅바' 뿐인, 알몸에 가까운 모습으로 실시하는 경기가 일본의 스모이다.

그 이유는 스모가 신에 대한 감사의 마음을 바치는 제사이기 때문이라고 한다. 그것은 일본 각지에서 마쓰리(축제)를 할 때, 신에게 바치는 '봉납 스모'가 개최되고 있는 것을 통해서도 알 수 있을 것이다. 샅바 외에 몸에 아무것도 걸치지 않는 이유는, 신에 대하여 부정한 일을 하지 않는다라는 증거라고 한다.

원래 스모의 기원은, 고사기(古事記)에 의하면 '이즈모의 국가이양出雲の国譲り'의 전설이라고 한다. 지금은 스모의 신이라고 하는 다케미카즈치노오노카미建御雷之男神(다케미카즈치, 천둥의 신)가 이즈모(시마네 현 동부 상공업 도시)를 지배하고 있던 오쿠니누시大国主에게 나라를 양보하도록 강요한다. 그래서 다케미나카타노카미建御名方神(다케미나카타, 오쿠니누시노카미의 아들)와의 싸움에서 이겨서 이즈모를 양도 받았고, 일본의 초석이 만들어졌다고 한다.

한편 해외에서도 일본의 스모와 마찬가지로, 몸에 걸치는 것을 줄여, 알몸에 가까운 모습으로 싸우는 격투기가 많다. 터키의 오일 레슬링으로 알려진 얄르 귀레슈나 몽골 스모라고도 하는 부흐 등이다. 이들 경기에서는 '무기를 가지고 있지 않다는 것을 상대방에게 나타내는' 것이 주 이유로, 알몸에 가까운 모습으로 싸우게 되었다고 한다.

또한 스모는 일본의 국기国技라고 생각하는 사람이 많은데, 일본 법률로 국기를 정한 것은 없다. 스모를 개최하는 시설에 '국기관'이라는 이름을 붙인 것에서, 스모가 국기라는 인식이 퍼졌던 것이다.

38. 스모 선수의 샅바, 정말로 은퇴할 때까지 한 번도 세탁하지 않을까?

스모선수의 특징이 무엇이냐는 질문에 바로 생각나는 것은 '오이초大銀杏'[4] 라고 부르는 '상투'와 '샅바'이다. 샅바는 신체와 신체가 서로 부딪히는 스모에서 사용되는 유일한 도구이자, 유니폼이기도 하다. 복부나 허리 주변을 보호하는 역할도 하는 동시에, 상대방의 샅바를 잡아 더욱 힘을 내어, 다양한 기술을 쓸 수 있는 것이다.

이러한 샅바는 씨름꾼의 땀이 흡수되거나 씨름판의 모래가 들러붙으면 심하게 더럽혀지는데, 기본적으로 은퇴할 때까지 한 번도 세탁하지 않는다. 씨름 대회용 샅바는 하카타 직물博多織이나 니시진 직물西陣織의 고급 직물이기 때문에, 세탁하면 옷감이 약해지고 무르기 쉬워져, 신체를 보호하는 기능을 충분히 발휘할 수 없기 때문이다.

이것과는 별개로 미신 때문에 세탁하지 않는 의미도 있는 것 같다. 또 연습용인 저렴한 목면제 샅바는 더럽혀지면 빨지 않고 버리고, 새로운 것으로 바꾼다.

물론 세탁하지 않는다고 해서 아무런 손질도 하지 않고 방치하는 것은 아니다. 사용 후에는 흙을 털어내고 햇빛에 말려서, 스며든 땀 등을 말린다. 또 위생에 대한 배려로 일부분을 알코올로 소독하는 일도 있는 것 같다. 자신의 스승이 돌아가셨을 때만, 예외적으로 샅바를 세탁해도 된다고 한다.

씨름꾼의 샅바에는 세탁 이외에도 정해진 것이 있다.

예를 들어 연습용 샅바의 색이다. 흰색을 사용해도 되는 것은 주료+両[5]이상의 씨름꾼만으로, 마쿠시타幕下[6]이하의 씨름꾼은 검은색으로 정해져 있다. 또 쥬료 이상의 세키토리関取[7]는 곤색이나 보라색 계통의 샅바를 착용하게 정해져 있는데, 사실 갖가지 색의 샅바가 사용되고 있다. 이것은 컬러TV의 보급에 의한 변화로, 1957년(쇼와 32년) 11월 씨름판에, 다마노우미 다이사부로玉乃海太三郎가 금색 샅바를 둘렀던 것이 최초라고 한다.

참고로, 샅바는 후원자로부터 선물 받는 경우가 대부분인데, 하나에 70만엔에서 100만엔 정도 한다니 그저 놀라울 뿐이다. 확실히 고급 직물이겠지만, 세탁하지 않는다는 점을 알면 조금 기분이 복잡해질 것 같다.

39. 일본 전통 예능인 '노'와 '교겐'의 차이는 무엇일까?

누구나 보는 문화 활동(entertainment)이라고 하면 역시 TV다. TV에는 드라마나 예능, 코미디, 음악, 스포츠, 뉴스 등 다양한 방송이 있다.

그렇다면 TV가 없는 시대에 일본인은 어떤 오락을 즐겼을까? 대표적인 것이 라쿠고落語[8]나 만자이漫才(만담)[9], 가부키歌舞伎나 노能, 교겐狂言 등의 무대 예능이다.

이 중에서 노, 교겐은 일본인에게 있어서도 좀처럼 구별하기 어려운 것인데 어떻게 다를까? TV프로그램으로 예를 들자면, 노는 사회적인 드라마, 교겐은 코미디 프로그램이라고 할 수 있다.

노는 인간의 정념, 심오한 심리 등을 테마로 한다. 등장하는 배우는 가면인 노멘能面을 얼굴에 쓰고, 그 면의 움직임이나 각도를 통해 희로애락 전부를 표현한다.

한편, 교겐은 인간 사회의 익살스러움을 다룬다. 배우가 연기하는 것은 귀족이나 무사, 일반 서민 등, 주변에서 흔한 인물들로, 그들의 이상한 행동이나 말, 움직임 등으로 관객들에게 웃음을 선사한다.

노가 심각하고 유현한 세계를 그리는데 반해, 교겐은 일상적인 생활 속에 있는 웃음이 테마이다. 이처럼 차이가 있는데, 이 두 가지를 확실히 구별할 수 있는 사람은 많지 않다.

그 이유는 원래 이 두 개는 같은 예능이었기 때문이다. 그 기원은, 헤이안 시대에 생겨났다고 하는 사루가쿠猿楽이다.

사루가쿠는 서커스와 같은 곡예나 마술, 성대모사 등 다종다양한 요소를 포함하는 예능이었다. 그것의 사회적인 요소가 노로, 익살스러운 요소가 교겐으로 나뉘어진 것이다.

하지만 예능으로서 분리되기는 했지만, 노와 교겐은 함께 상영된다. 관객은 진지한 노를 본 후에 교겐을 보고 포복절도하고, 다시 심각한 노를 보았다.

참고로 과거 일본에서 노나 교겐이 인기를 끌었던 요인으로, 가마쿠라 시대부터 무로마치 시대에 걸쳐 흥행되었던 '입회 노立ち会い能'가 있다. 이것은 예능 배우가 그 상영 목록을 상연하여 승부를 겨룬 것이다. 입회 노에서 이기면, 배우의 인기가 올라간다. 이와 같은 경합 위에서 노나 교겐은 진화해 갔다.

지금 TV에서도 개그맨들이 서로의 특기를 보여주고 우열을 다투는 '웃음 배틀'과 같은 프로그램이 인기인데, 그것은 지금부터 약 700년 전부터 이루어진 셈이다.

세계 대회에서 일본 대표가 11연패를 달성했다고 하면, 축구 일본 대표도 럭비 일본 대표도 아니다. 일본인이라면 친숙한 보드게임인 '오셀로 게임'의 이야기이다.

녹색 반상에서 두 사람이 번갈아 가며 흑과 백의 돌을 두고, 상대의 색을 사이에 끼우면 돌을 뒤집어서 자신의 색으로 바꿀 수 있다. 최종적으로 돌의 개수가 많은 쪽이 승리하는, 단순하면서도 깊이가 있는 게임이다.

이 오셀로 게임은 서양식 명칭 때문에 외국에서 만들어진 게임이라고 생각하기 쉬운데, 실은 일본인의 발상이다. 전후, 얼마 되지 않았을 무렵, 이바라키현 출신인 하세가와 고로長谷川五郎라는 학생이 고안한 것이 시작이다.

당시는 바둑돌을 사용하여, 바둑을 잘 모르는 사람을 위해서 상대방의 돌을 사이에 끼우면 자신의 돌로 할 수 있는 '바둑'을 생각했다. 머지않아 우유병 뚜껑으로 한쪽은 흰색, 한쪽은 검은색인 '오셀로 돌'을 수작업으로 만들었는데, 지인 사이에서 큰 인기를 끌어, 그것이 오셀로 게임의 시초가 되었다. 오셀로 돌이 직경 34.5미리로 우유병의 뚜껑과 거의 같은 사이즈인 것은 이런 이유 때문이다.

하세가와는 이 게임을 고안했을 때에 이름 때문에 골머리를 앓았다고 한다.

그래서 영문학자였던 아버지에게 의논을 하자, 셰익스피어의 희곡 '오셀로'의 이름을 꺼냈다. 흑인 장군 오셀로가 그의 아내인 백인 데스데모나의 정절을 의심하여 살해하고, 마지막에 진실을 알게 된 오셀로도 자살하는 이야기이다.

　흑인 오셀로를 검은 돌, 백인 데스데모나를 하얀 돌로 비유하자, 두 사람의 관계가 어지럽게 변화하는 모습은, 정말이지 게임 그 자체였다. 판의 겉면을 녹색으로 한 것도 오셀로가 푸른 평원에서 용감하게 싸우는 이미지를 표현하기 위해서라고 한다.

　오셀로 게임은 1973년 4월 29일에 완구 제조사인 쓰쿠다가 발매했는데, 순식간에 가정으로 퍼져, 대히트 상품이 되었다. 그리고 현재 경기 인구는 6000만 명 정도이며, 세계 대회에도 미국, 이탈리아, 네덜란드, 타이 등에서 애호자가 참가하고 있다.

　참고로 오셀로 게임은 메이지 시대에 일본에 들어온 영국의 '리버시'라는 게임을 기초로 하고 있다는 설도 있다.

41. 오사카 사투리, 교토 사투리, 도호쿠 사투리…
좁은 일본에서 왜 이렇게나 방언이 많을까?

大阪弁、京都弁、東北弁…狭い日本でなぜこんなに方言が多い？

1868년에 메이지정부가 탄생하고, 일본은 새로운 국가로서 다시 태어났다. 부국강병을 슬로건으로 군대도 강화했다.

그런데 이때 의외의 약점이 드러났다. 바로 언어이다. 일본 각지에서 민중을 모아 군대를 만든 것은 좋았는데, 방언을 알지 못해 상사의 명령을 부하가 이해하지 못했다는 이야기까지 있다.

일본은 전국 시대에 도요토미 히데요시가 천하통일을 이룩했다. 도쿠가와 막부가 일본을 통치하던 에도 시대에도 당연히 일본은 '하나의 나라'로서 성립하고 있었다고 생각할 수 있다.

그런데 에도 시대에는 교통 요소에 관문이 설치되어, 번藩[10]과 번 사이의 자

유로운 왕래가 인정되지 않았다. 메이지 이후 일본은 번이라는 작은 나라의 집합이었다고도 할 수 있다.

메이지유신이란 서양 열강에 대항하기 위해서 일본 국내에 있던 작은 나라들을 통합해서 '유나이티드 재팬'을 만들었다고 생각하면, 작은 나라가 모여 만들어졌기 때문에 언어가 통하지 않는 일이 있어도 이상하지는 않다.

즉, 일본에 여러 방언이 있는 이유는 원래 번이라는 작은 나라가 각각 독자적인 문화나 풍습, 언어를 가지고 있었기 때문이라고 말할 수 있다.

일본처럼 '국토가 좁은 나리인데?'라고 생각할지도 모르겠다. 하지만 국제연합에 가맹되어 있는 전세계 약 200개의 국가 중, 일본보다 좁은 나라는 130곳이나 있다. 일본은 결코 '좁은 나라'가 아니다.

유럽으로 눈을 돌려보면, 독일, 이탈리아, 영국 등은 일본보다도 국토가 좁다. 그런데도 예를 들어 영국이라면 잉글랜드, 스코틀랜드, 웨일스로 나누어진 것처럼, 각각의 나라 안에 지역이 있고, 방언도 있다.

분명히 일본의 방언 수가 많을지 모르지만, 그것은 전국 시대, 에도 시대를 통해 각 번이 독자적인 문화를 확실히 키우고 있었기 때문일 것이다.

42. 여성의 양복은 왼쪽이 앞인데, 기모노(일본 전통 의상)는 왜 오른쪽이 앞일까?

女性の洋服は左前なのに、和服になると右前になるのはなぜ?

헤이안 시대의 귀족 여성은 '주니히토에+二單'[11]라는 기모노를 여러 겹 겹쳐서 착용하며, 계절이나 시간, 장소, 상황(TPO)에 맞게 겹쳐입는 기모노의 색을 코디네이트하였다. 주니히토에라고 하는데 반드시 12개로 정해져 있던 것은 아니다.

그런데 전통 옷의 특징은 천을 몸에 감아, 오비帶[12]나 끈 등으로 매는 것인데, 양복처럼 앞을 단추로 채우지는 않는다.

또 하나, 양복과의 차이가 '앞섶 정리'이다. 양복은 남성이 오른쪽이 앞, 여성은 왼쪽이 앞이다. 오른쪽 앞이란 오른쪽 천을 안쪽으로 감아, 그 밖에 왼쪽 천을 감는 착용법이다. 서츠 단추를 채우는 것을 떠올리면, 남성이라면 단추가 꿰매진 천이 우측으로 내측에 온다. 양복이라면, 여성은 그 반대로 왼쪽이 앞이다. 그런데 전통 옷은 남녀 모두 오른쪽 앞이다. 왜일까?

이 오른쪽 앞은 예전부터 법률로 정해져 있었다. 나라 시대 719년, 전통 옷은 오른쪽을 앞으로 착용하도록 명령을 했다는 기록이 있다. 중국의 관습을 따랐다고 한다. 당시 중국에서는 지위가 높은 사람은 왼쪽을 앞으로 하여 의복을 입었기 때문에, 서민은 그것과 구별하기 위해서 오른쪽이 앞이었다.

이것을 따라서, 일본에서도 '서민은 오른쪽을 앞으로 옷을 입어라'는 명령까지 했다고 생각할 수 있다.

참고로 양복은 남성이 오른쪽 앞, 여성은 왼쪽 앞으로 서로 반대인 것은, 고귀한 여성은 옷을 갈아 입을 때 수행인從者이 도와주었기 때문이다. 고귀한 여성과 마주하여 옷을 갈아입는 것을 돕는 수행인이 '입혀주기 쉽도록' 왼쪽이 앞이 되었다라는 설이 있다.

그 밖에도 전통 의상이 오른쪽 앞인 것은, 오른손잡이 사람이 많기 때문이라는 설도 잘 알려져 있다. 전통 옷은 천을 겹친 부분을 주머니로 활용할 수 있다. 오른손을 주머니에 넣는 것이다.

그렇다면 전통 옷을 왼쪽을 앞으로 하여 착용하면 어떻게 될까? 왼쪽 앞은 죽은 사람 앞이라고해서, 재수가 없다고 여겼다. 죽은 사람의 소복은 왼쪽을 앞으로 입기 때문이다.

일본 료칸에 숙박하면 유카타가 준비되어 있는데, 이것도 오른쪽을 앞으로 착용해야 한다.

제4장
47 도도부현 중에서
왜 홋카이도만이 '도道'인가?

— 듣고 보면 분명히 궁금한 지리 · 지명 13개의 수수께끼

'도쿄에 출장 갔다 왔
어' '오사카 고향에 갔
다 왔어'는 평상시의
대화 속에서 아무런 위
화감 없이 들을 수 있
다. '도쿄도에 갔다 왔
어'라고는 거의 말하지

않으며, '오사카부로 고향 갔다 왔어'는 뭔가 이상하다. 그런데 홋카이도만은
정확하게 '홋카이도'라고 부른다. 왜일까?

여기서는 먼저 '홋카이도'라는 명칭의 유래를 알아야 한다. 에도 시대에는
홋카이도를 '에조치蝦夷地'라고 불렀는데, 1869년(메이지 2년)에 '홋카이도'로 명
칭이 변경되었다. 이것은 고키시치도五畿七道[1]의 도카이도東海道나 난카이도南海
道, 산인도山陰道를 따른 호칭으로, 지역을 나타내는 것이다.

즉, 홋카이도는 도도부현의 호칭인 동시에 '홋카이도 지방'이라는 지역을
나타내는 명칭이기도 한 것이다. 지방명의 경우, 관동 지방을 '관동', 동북 지
방을 '동북'이라고 줄인다. 물론 홋카이도 지방은 '홋카이도'이다.

참고로 일본의 현県이나 부府를 영어로 표기하면 'prefecture'가 된다. 오사
카부는 'Osaka prefecture'인데, 홋카이도는 'Hokkaido prefecture'로 'Hokkai

prefecture'가 되지는 않는다. 이것으로도 홋카이도가 '홋카이北海'+'도道'가 아닌 것을 알 수 있을 것이다.

홋카이도는 1947년(쇼와 22년)의 지방 자치법 시행에 따라 도부현과 동격이 되었는데, 앞서 이야기 했듯이 지방명이기도 하다. 그렇기 때문에 '도도부현'이 아닌 '도홋카이도부현都北海道府県'이라고 표현해야 정확할지 모르겠다.

많은 사람들이 싫어
하는 곤충인 '고키부리
ゴキブリ(바퀴벌레)'는 원
래 '고키카부리ゴキカブ
リ'라고 불렀다. 옛날
식기를 '고키御器'라고
불렀는데, 이것에 엉겨

붙는 벌레였기 때문에, '고키카부리御器かぶり'라고 불렀던 것이다.

그런데 메이지 시대에 만들어진 생물학용어집 '생물학어휘'에, 인쇄가 잘못
되어 '고키부리'라고 기재되어 버렸다. 이것이 정착하여, 지금은 누구나가 '고
키부리'라고 부르게 된 것이다.

이처럼 어느 한가지 실수, 착각 때문에 명칭이 바뀌어 버리는 일은 의외로
있다.

그것이 '야마노테센山手線'의 호칭이다. 이 단어는 '야마노테센'이라고 읽기
도 하고 '야마테센'이라고도 읽는다. 하지만 원래 '야마노테센'이 정확하다.

'야마노테'란, 아카사카赤坂나 요쓰야四谷, 아자부麻布 부근 일대를 나타내는
말이다. 이 지역은 에도 성을 서쪽 방향으로 나온 곳으로, 무사들이 사는 지역
이었다. 이 지역에서 사용되던 말이, 이른바 '야마노테 방언'이다.

전철 야마노테센은 이 지역을 한 바퀴 에워싸듯이 선로가 달리고 있는 순환선이다. '야마노테'라는 지명에서 이름이 붙여진 노선명인 만큼, 전쟁 전에는 '야마노테센'이라고 불렀다.

하지만 전후, 연합군 최고 사령부(GHQ)의 명령에 의해 알파벳 표기가 진행되었는데, 당시 국철 직원이 'YAMATE Loop Line'이라고 표기해 버린 것이다. 이 때문에 '야마테센'이라고 읽는 법으로 정착되었다.

왜 이와 같은 오기가 생겼는지 말하자면, 국철 내에서 야마노테센을 '야마테'라고 통칭하여 불렀기 때문이다. 동료들 사이에서 사용하던 말을 그대로 기재하여, 그것이 정착해버린 것이다.

하지만 1970년대 이후, 원래 이름인 '야마노테센'이라는 읽는 법을 부활시켰다. 그 결과 다시 '야마노테센'이 정식 명칭으로 다루어지게 되었다.

　마르코폴로는 일본을 '황금의 나라 재팬'이라고 소개했는데, 실제 일본 각지에 금산이나 은산이 있었고, 각지에서 금이나 은이 채취되었다. 네즈미코조鼠小僧라는 도둑은 넓은 영지를 가진 무사의 창고에서 천냥들이 상자를 훔쳤는데, 이 안에는 금화가 들어있었다고 한다. 그런데 지금 일본인에게 '금이나 은이 풍부하게 채취되었다'라고 해도 믿을 사람은 적을 것이다.

　그도 그럴 것이, 일본에 묻혀있던 금과 은을 거의 다 캐버렸기 때문이다. 그렇다면 그 금과 은은 어디로 사라진 것일까? 외국에서 온 상인들이 해외로 가지고 가버린 것이다. 그들은 일본에서 사들인 금화나 은화를 해외에서 비싸게 팔아 큰 이익을 보았다.

그런데 지금은 상업지로 유명한 긴자도 사실 이 은이 관련되어 있는 지명이다.

그렇다고 해서 이 장소에서 은이 채취된 것은 아니다. 오히려 이 지역은 에도 막부에 생겼을 무렵 바다였다. 막부는 이 일대를 매립하여 상인들이 사는 거리로 정비하였다.

이 지역이 긴자라고 불리는 이유는 1612년, 이 지역에 '긴자 관공서'가 만들어진 것 때문이다. 긴자 관공서란, 화폐인 은화 주조와 거래를 하는 장소를 말한다. 주조하기 위해서는 재료인 은지금銀地金을 사들여야 하는데, 이를 위한 상인들의 회합이 '은을 다루는 자리銀を扱う座'이다. 즉 '긴자銀座'이다. 그 때문에 이 지역이 긴자라고 불렸던 것이다.

화폐는 중요한 경제기반이기 때문에, 그러한 거래는 이 이외 장소에서는 금지되었다. 또한 긴자는 교토, 오사카, 나가사키 등에도 있다.

그런데 에도 시대에는 은뿐만 아니라, 금도 화폐로서 사용되었다. 당연히 금을 취급하는 '킨자金座'도 존재한다. 그것은 도쿄도 주오쿠에 있는 일본은행 본점의 장소에 있었다. 그 흔적이 '킨자거리金座通り'라는 도로에서 볼 수 있다.

일본의 대중문화는 '오타쿠(OTAKU)'라는 말로 세계적으로 인기를 끌고 있다. '진짜 오타쿠 문화를 접해보고 싶다'며 일본을 찾아오는 외국인 관광객도 많으며, 'OTAKU'는 쿨 재팬의 상징이기도 하다.

그런데 오타쿠가 목적인 외국인 관광객 모두가 방문하는 곳이, 애니메이션, 피규어, 게임 등의 오타쿠 가게가 집중되어 있는 아키하바라이다. 이곳은 언제부터 오타쿠의 성지가 된 것일까?

아키하바라가 발전한 것은 전후 얼마 지나지 않아, 이 지역에 전기 제품 도매상과 라디오 진공관 등의 부품을 파는 노점상이 늘어선 것에 의해서이다.

고도성장기에는 '3종 신기三種の神器'라고 불렸던 'TV' '냉장고' '세탁기'가 일반 가정으로 확산되었고, 그것들을 저렴하게 구입할 수 있는 아키하바라에는 사람들로 넘쳐났다.

1980년대에는 전자상가만으로 전국 가전수요의 10%를 커버했다고 한다. 당시 아키하바라는 휴일에 가족 단위로 찾아와 TV나 냉장고를 고르고, 쇼핑 후에 식사를 하고 귀가하는 '패밀리 거리'였던 것이다.

그 후, 교외형 대형 가전 매장이 등장하여 아키하바라의 전자상가도 타격을 받았고, 1990년 무렵부터 많은 점포가 컴퓨터나 그 부품 판매에 주력했다. 그리하여 컴퓨터 애호가들이 아키하바라를 찾게 되었는데, 당시 컴퓨터 마니아들은 애니메이션이나 피규어, 게임 등도 좋아했다. 상통하는 것이 있었던 것

이다.

'오타쿠 취미를 가진 컴퓨터 마니아'가 아키하바라에 모여, 그 잠재적 수요가 점차 커지기 시작했다.

그리고 1990년대 후반에 여러 오타쿠 가게가 아키하바라에 시험적으로 가게를 낸 결과, 오랫동안 머물렀던 잠재적 수요를 완전히 손에 넣어, 단번에 이 지역에서 오타쿠 문화가 꽃을 피우게 되었다고 한다.

2000년대에 들어 인터넷 쇼핑이 보급되자, 아키하바라에서 컴퓨터 가게도 줄어들고 있다. 대신 두드러진 것이 메이드 의상을 입고 손님을 맞이하는 메이드 카페 등이다.

오랜 역사 속에서 몇 번의 변모를 이루어 온 아키하바라, 변화는 여전히 계속될 것 같다.

도쿄에서 가부키를 볼 수 있는 곳은 긴자에 있는 '가부키자'와 '신바시연무장'이다. 에도 시대에도 가부키의 상영장소는 막부에 의해 한정되었다. 나카무라자中村座, 이치무라자市村座, 모리타자森田座, 야마무라자山村座와 같은 이른바 에도 4자로, 사카이초境町(지금의 닌교초人形町), 후키야초葺屋町(닌교초), 고비키초木挽町(지금의 긴자)에 가부키의 상영 장소가 있었다.

그런데 도쿄에는 가부키를 볼 수 없는데 '가부키초'라는 지역이 있다. 그렇다! 동양 제일의 환락거리로서 세계적으로 알려져 있는 신주쿠 가부키초이다. 캬바레식 클럽이나 호스트 클럽, 풍속점, 파칭코 등이 줄지어 늘어선 광경은, 가부키가 가지고 있는 이상한 세계와 통하는 것이 없지도 않을 것이다.

하지만 가부키초에 발길을 옮겨도 가부키는 볼 수 없다. 에도 시대로 거슬러 올라가도 앞서 이야기한대로 이 일대에 가부키를 볼 수 있는 극장은 없었다. 그렇다면 왜 이 지역에 '가부키초'라는 이름이 붙여진 것일까?

이 일대는 1945년 도쿄대공습[2]으로 불타서 허허벌판이었다. 하지만 전후 부흥계획 중에서, 이 지역에 가부키를 상연하기 위한 극장 건설이 예정되어 있었던 것이다. 그것이 이름의 유래이다.

계획은 결국 좌절되었지만, 가부키 극장이 건설될 거리라는 의미의 '가부키초'라는 지명만이 남아 지금까지 사용되고 있는 것이다.

그 대신 만들어진 것이 1956년에 건설된 '신주쿠코마극장新宿コマ劇場'이다.

　이 극장에서는 뮤지컬 등도 상영되는데, 뭐니 뭐니 해도 여기는 '엔카演歌[3]의 전당'이다. 기타지마 사부로北島三郎, 히카와 기요시氷川きよし등의 공연이 개최되었는데, 2008년에 폐관했고, 2011년부터 해체공사가 시작되었다. 2015년 4월에는 도호東宝 복합 인텔리전트 빌딩인 '신주쿠도호빌딩新宿東宝ビル'이 완성되었다.

　지금 현재, 도쿄 최대급 시네마 콤플렉스 'TOHO 시네마즈 신주쿠'와, 도호영화 '고질라'의 오브제가 새로운 가부키초의 얼굴이 되고 있다.

도쿄 우에노라고 하면, 벚꽃의 명소인 한 우에노上野공원, 메이지유신의 공로자인 사이고 다카모리西郷隆盛의 동상, 판다가 있는 우에노동물원 등으로 알려져 있는데, 외국인에게도 인기인 것이 JR우에노역 바로 옆에 있는 '아메야요코초アメヤ横丁', 통칭 '아메요코'이다.

JR우에노역에서 오카치마치역御徒町駅까지의 노선 옆, 약 400미터의 도로를 따라서 실제 400개 이상이나 되는 가게가 빽빽이 늘어서 있다.

식료품부터 의료, 전자 제품, 귀금속 등 모든 물건을 살 수 있고, 점원이 지나가는 손님을 부르는 '특유의 목소리だみ声'도 유명하다. 연말에는 설날용 물건을 구입하는 손님들로 매우 혼잡하지만, 도쿄의 연말 풍물시風物詩이기도 할 정도이다.

이 아메요코는 왜 '아메アメ'요코라고 부르는 것일까? 이것은 '아메飴(사탕)'과 주일 미군의 '아메리카'에서 유래한다.

종전 직후인 1945년 무렵, 우에노역에서 오카치마치역에 걸쳐 무수한 판잣집이 늘어섰다. 이른바 암시장이다. 당시 동북지방에서 생활필수품을 사기 위해 도쿄에 찾아오는 많은 사람들은 우에노역을 이용했다. 우에노역 주변은 암시장을 방문하는 사람과 철도를 기다리는 사람들로 몹시 혼잡했다고 한다.

철도를 기다리며 장사진을 이루는 사람들에게 '간단하게 입에 넣을 수 있는 사탕을 팔면 돈을 벌 수 있지 않을까'라며 시작된 것이 사탕을 파는 매점이다.

사카린을 이용한 사탕 과자나 이모아메芋飴라는 고구마사탕이 매우 인기가 좋아, 순식간에 300개의 사탕가게가 생겼고, '아메야요코초ア乄屋横丁'라고 불렀다.

그 후, 1950년대가 되자 한국전쟁도 있고, 주일 미군의 방출품이 대량으로 나돌아, '아메리카요코초アメリカ横丁'라고도 불리게 되었다.

사탕과자를 팔고 있던 '아메야요코초'와, 미군 방출품을 취급하는 '아메리카요코초'의 '아메'가 겹쳐서 '아메야요코초'가 되었고, 줄여서 '아메요코'가 된 것이다.

일본에는, 예를 들어 교토의 고풍적인 일본스러움과 홋카이도에서 볼 수 있는 일본의 대자연, 신주쿠나 아키하바라와 같은 현대적인 일본처럼, 다양한 얼굴이 있다. 아메요코에서 볼 수 있는 활기 있고 북적거리는 모습도, 틀림없는 일본의 한 모습이다.

미국의 국가원수 '프
레지던트'를 '대통령'
이라고 하는데, 이것은
막부 말 페리(Perry)가
일본에 왔을 때, 일본
에서 만들어진 말이다.

대통령은 원수이면
서, 선거로 결정된 일
반 민중이다. '원래 상인 출신이면, 천황이나 장군과는 신분이 다르다' '그렇
다면 상인으로서 가장 대단한 사람을 뭐라 부를까'라며 에도 막부가 고육지
책으로 만든 말이라고 한다.

당시 상인이면서 대단한 사람은 목수의 우두머리棟梁(도료)로, 그중에서도 가
장 대단한 것은 '큰 우두머리大棟梁(다이도료)'인데, 글자를 '대통령大統領(다이도료)'
으로 바꾸었다는 설이 있다.

지금이야 외래어는 귀에 들리는 대로 가타카나 표기를 하지만, 옛날에는 외래
어의 의미를 고려하여 한자로 바꾸었는데, 새로운 명칭으로서 고안한 셈이다.

사실 일본과 미국 사이의 '태평양'과 유럽과 미국 사이의 '대서양'도 마찬가
지로 고안된 말이다. 양쪽 모두 큰 바다인데, '태(太)'와 '대(大)'로 다른 한자를

사용하는 것은 왜일까?

대서양을 영어로 쓰면 'Atlantic Ocean'이고, 그리스 신화에 나오는 신 '아틀라스의 바다'라는 의미이다.

아틀라스로 말하자면 천공을 떠받치는 신인데, 그리스 신화를 모르는 일본에서도 통용되는 이름으로 해야 할 필요가 있었다. 그래서 세계 중심에 일본을 두면, 아득한 '유럽 대륙의 더 서쪽에 있는 큰 바다'라는 의미의 '대서양'으로 한 것이다.

이에 반해, 태평양은 대항해 시대에 처음으로 세계 일주를 달성한 모험가 마젤란에서 유래한다.

목숨을 건 대항해를 하던 마젤란은 이 바다의 평온함에 놀라 'El Mare Pacficum(평화로운 바다)'으로 표현했다. 영어로는 'Pacific Ocean'으로 여기에서 생긴 번역어가 '태평한 바다'로 '태평양'이었던 것이다.

대서양의 '대'는 '크다'라는 의미이고, 태평양의 '태'는 '태평'의 '태'에서 왔다.

핀란드, 페루, 모로코, 이들 나라의 의외의 공통점은 무엇일까? 사실 '의외로' 요리가 맛있다는 평판이다.

세계에는 지금 약 200개의 나라와 지역이 있는데, 대부분의 나라 향토 음식을 일본에서 맛볼 수 있다. 게다가 최근에는 본격적인 이탈리안이나 프랑스 요리를 스탠딩(요컨대 서서 먹음)으로, 캐주얼하고 합리적으로 즐길 수 있는 가게가 인기다.

참고로 사람들은 정말 맛있는 각국의 향토 음식점이 그 나라의 '대사관 근처에 있다' 라는 도시 전설을 알고 있을까? 대사관 관계자, 그 가족들이 다니기 편하다는 것이 그 이유인 것 같다.

그런데 거리에서 자주 발견하는 외국 요리라고 하면, 역시 중화요리일 것이다. 단, 가게 간판을 잘 보면 '중화요리' 도 있고 '중국 요리' 도 있다. 무엇이 다를까?

결론부터 말하자면, 명확한 차이가 있는 것은 아니다. 단, 일본에서 생활하는 중국인의 인상으로는 중화요리는 라멘, 볶음밥, 교자 등 서민적인 요리가 많고, '일본 특유의 양념을 한다' 는 점이다.

반면 중국 요리는 '중국 본고장의 맛에 가깝다' 고 느끼는 사람들이 많은 것 같다.

확실히 교자라 하면 중국에서는 '물만두' 가 일반적이고, 중국 라멘의 식감

은 일본에서 말하는 우동과 비슷하다. 중화요리 정석인 야키교자나 라멘은 일본 특유라고도 할 수 있다. 중국이 발상지이지만 일본인의 입맛에 맞도록 개량된 '일본 중국 요리'를 중화요리라고 부르는 경우가 많은 것 같다.

한편 중국 요리는 '사천' '관동' '대만' '북경' 등으로 나누어지는데, 보다 중국 본고장의 맛에 가깝다. 또 가게 분위기도 중화 요리점은 중국 요리점과는 차이가 있는 것 같다. 중국 요리는 백화점이나 호텔 레스토랑 거리에 있는 고급 레스토랑 분위기로, 실제 가격도 비싼 경우가 많다. 중화요리는 번화가에서 지방 상점가까지 폭넓게 존재하며, 그 고장에 뿌리 내린 서민 가게의 분위기이다.

세계적인 행사나 대회를 고조시키려고 정한 심벌마크가 '국제적으로 문제가 있다'고 판명되어, 서둘러 취소하고 변경한다. 그런 요란스러운 극이, 그러고 보니 문제가 되었지라며 모 엠블럼 소동(도쿄 올림픽 - 패럴림픽 공식 상징 무늬 표절 논란)을 떠올리는 사람도 많지 않을까?

이러한 소동은 과거에도 있었다. 우편 기호인 'ㅜ' 마크이다. 우체국이나 우편함의 상징으로, 봉투 등에 우편번호를 적을 때도 사용되는 'ㅜ'이다. 익숙해진 기호인데, 도대체 무엇을 나타내는지 아는 사람은 생각 외로 적을 것이다. 가타카나의 '테ㅜ'처럼 보이기도 하고, 한자의 '手'와 비슷한 것 같기도 하고 말이다.

사실 이 우편번호가 처음에는 알파벳 'T'였다.

지금으로부터 약 130년 전인 1887년(메이지 20년)에 당시 우편 사업을 책임 관리하고 있는 곳이 체신성遞信省이라고 하는 부서였다. 체신성이 우편 마크를 'T'로 하겠다고 결정하고 1887년 2월 8일에 발표했다. 체신성으로서는 'Teishin(遞信)'의 이니셜인 'T'를 도안화한 것이었는데, 국제우편에서 'T'는 우편요금 부족을 나타내는 만국 공통의 기호라는 것이 판명되었다.

그래서 서둘러 6일 후인 2월 14일에 '〒'로 변경하였고, 또한 2월 19일 날짜의 관보에서 'T는 〒를 잘못 표기한 것이었다'라는 정정문도 발표했다. 2월 8일에 발표되고, 2월 14일에 변경되었으며, 19일에 관보로 정정문이 게재된 경위 속에서, '우편 마크의 날'로 지정된 것은 2월 8일이다.

이후 '〒'가 우편 기호가 된 것인데, 이 기호를 우편 마크로 부른 사람도 있을 것이다. 일본공업규격에서는 '〒'를 우편 기호, 우편배달원의 얼굴을 도안화한 '☺'를 우편 마크라고 한다.

또한 '〒'는 당초 예정되었던 'T' 위에 한 줄을 더하고 있는데, 그 아이디어는 초대 체신국 대신인 에노모토 다케아키榎本武揚가 제안한 것이라고 한다. 단, 이것에는 다양한 설이 존재하는데, 체신성을 가타카나로 표기했을 때의 이니셜 '테〒'를 상징화하여 사용한 것이라는 설도 있다.

당초의 안인 'T'에 대해서도 앞서 서술한 것처럼 체신성을 로마자 표기한 경우의 이니셜이라는 설과, 한자 '丅'를 기초로 하고 있다는 등, 다양한 설이 뒤섞여 있는 것 같다.

메일이나 채팅, SNS의 보급으로 편지를 쓸 기회가 눈에 띄게 줄어든 요즘, 그래도 정식 인사장이나 연하장, 여행지에서의 엽서 등은, 손글씨로 보내는 사람도 많을 것이다.

편지를 보낼 때 신세를 지는 우체통이라 하면 '빨간색'이 상식이다. 그런데 일본에서 우편제도가 시작된 메이지 초기, 우체통은 빨간색이 아니었다.

우편제도가 시작된 1871년에, 일본에서 최초의 우체통도 탄생했다. 다리가 달린 대에 네모난 상자를 올린 목제 우체통으로, 배달 선별의 우편요금과 도착하는데 걸리는 시간을 알려주는 '각지 시간 운임표'가 붙어있었다고 한다. 도쿄에 12곳, 교토에 5곳, 오사카에 8곳, 그리고 3개의 도시를 잇는 도카이도東海道의 역참宿場 62곳에 설치되었다고 한다.

이듬해인 1872년에는 우체국 수도 늘어, 그에 맞춰서 많은 우체통이 필요하게 되었다. 그래서 삼나무 널빤지를 네모난 기둥처럼 조합하여, 모서리에 철판을 붙여 검은 페인트를 칠한 '검게 칠한 기둥 상자黑塗柱箱(검은 우체통)'가 만들어진 것이다. 즉, 당초 우체통은 '검은색'이었다.

게다가 검은 우체통은 그 후, 약 30년 동안이나 계속 사용되었다.

그것이 왜 지금의 빨간색으로 바뀌었을까? 그 이유는 간단하다. 검은색은 밤에 잘 보이지 않기 때문이다. 당시 밤은 지금보다 훨씬 깜깜했다. 1901년에 화재에 강한 철제 원형 우체통으로 교체된 것과 동시에, 영국을 따라서 어두운 곳에서도 눈에 띄는 빨간색 우체통을 시험적으로 설치했는데 평판이 좋아서, 1908년에 정식으로 우체통 색이 빨간색으로 되었다.

덧붙여 파란색 우체통이 존재하는 것을 알고 있을까? 이것은 속달 전용으로, 속달의 전신인 항공우편 전용 우체통이 하늘을 이미지 한 파란색이었던 것 때문에, 파란 우체통이 되었다. 고도성장기에 도심부나 비즈니스 거리를 중심으로 설치되었는데, 해마다 감소하였다. 급속하게 모습을 감추었던 만큼, 이것을 발견하면 행운이 올 것 같다.

또, 우체통 색은 각국 공통은 아니다. 미국과 러시아는 파란색, 중국은 녹색, 프랑스나 독일 등 유럽은 노란색이 주류이다.

비단벌레(곤충)는 빛이 비치는 각도에 따라 색이 달리 보인다. 녹색처럼 보이는 경우도 있고, 보라색처럼 보이는 경우도 있다. 그래서 확실하지 않은 애매모호한 것을 '비단벌레색玉虫色'이라고 부르게 되었다.

이 비단벌레색은 일본인의 고난도 기술이기도 하다. 일본에서는 논의에 긴 시간을 투자한 것에 반해, 확실한 결론이 나오지 않는 일이 종종 있다. 명확하게 결론을 도출하면 어느 쪽에 이익이 생기고, 어느 쪽에 불이익이 생기는 일도 있다. 그것을 얼버무리기 위해서 '비단벌레색 결론'을 낸다. 애매모호해도 어떻게든 되는 것이 일본스럽다.

그런데 이 비단벌레색 결론은 뜻밖의 곳에서도 사용되고 있었다. 일본에는

정식 수도도 없으며, 국가원수도 없다. 사실상 수도는 도쿄로 되어 있는데, 사실 어디에 수도를 둘지 정한 법률은 없다. 명확하게 수도가 지정된 것은 794년의 간무천황桓武天皇에 의한 헤이안쿄천도平安京遷都가 마지막이라는 해석도 있다.

헤이안쿄에 수도가 있었던 헤이안 시대 후에는 가마쿠라막부, 아시카가 막부(무로마치 막부), 에도 막부로 정치의 중심은 변해갔지만, 수도를 정하지 않고 현대까지 왔다고 생각할 수 있다.

국가원수는 미국이라면 대통령, 스페인에서는 국왕이지만, 일본에서 천황은 '상징'이고, 총리대신은 '행정부의 수장'으로 정의되어 있다. 누가 원수인지 정하지는 않는다.

애매모호한 것은 수도나 원수뿐만이 아니다. 국기國技는 스모라고들 생각하겠지만, 사실 그것을 정한 법률도 없다. 국화國花는 국화나 벚꽃이라고 생각하는데 이것 역시 정해지지 않았다. 히노마루日の丸인 국기國旗, 기미가요인 국가國歌에 관해서는 1999년에 시행한 국기국가법으로 겨우 정해졌을 정도이다.

단, 뭐든지 애매모호한 것은 아니다. 국조國鳥는 꿩, 국어國魚는 비단잉어, 국석國石은 수정, 국접國蝶은 왕오색나비, 국균國菌은 아스페르길루스(누룩곰팡이)이다. 그렇지만 꿩을 국조로 정한 것은 법률이 아닌, 일본 조류학회이다. 국접을 정한 것은 일본 곤충학회이고, 국균을 정한 것은 일본 양조학회이다. 이처럼 나라는 애매모호하게 움직여도, 민간이 적극적으로 여러 가지를 정하고 활동하고 있는 것도 일본답다고 할 수 있다.

54. 거의 1년 내내 눈이 있는 후지산의 '첫 관설'은 어떻게 결정하는가?

여름 끝자락에 후지산 정상을 산기슭에서 바라봤을 때, 산 정상이 어렴풋이 눈에 덮여있는 상태가 되면 '첫 관설'이다.

단, 여기에서 조금 이상하지 않은가? '첫'이라는 말이 붙으려면, 그 해의 '첫 관설'이어야 한다. 그런데 후지산은 일년에 걸쳐 눈에 뒤덮여 있는 기간이 길다. 그 해의 첫 시기, 즉 1월 무렵에는 당연히 산 정상은 눈으로 뒤덮여 있다. 그대로 산정상의 눈은 보통, 초여름까지 남아있으며, 지상에서는 무더위가 계속되는 여름에도 기후에 따라 눈이 내린다. 해발 3,776미터의 지점은 7월이나 8월에도 기온이 영하가 되는 일도 있다.

요컨대, 거의 일년 내내 눈이 있는 후지산인데, 어디를 기점으로 하여, 그 해

의 '첫 관설'이라고 부르고 있는 것일까?

이에는 규칙이 있다. 기상청에 따르면, 그 해 산 정상의 평균기온이 가장 높았던 날을 기준으로, 그 이후 산 정상에 눈이 내려, 산기슭에서 봤을 때 눈에 뒤덮인 상태가 된 날이 '첫 관설'이 된다고 한다.

즉, 산 정상에서의 '일일 평균기온이 가장 높았던 날'이 언제인지 정해지지 않으면, 첫 관설도 정해지지 않는다. 참고로 지금까지 가장 빨랐던 첫 관설은 2008년 8월 9일로, 그 이전인 1914년 8월 12일을 94년 만에 사흘 갱신했다. 가장 늦은 첫 관설은 1956년 10월 26일이다.

또한 후지산에서 이 '산 정상의 평균기온이 가장 높은 날'은, 계절이 바뀔 때를 나타내는 중요한 날이라고 할 수 있다. 이날 이후, 가장 처음 내린 눈을 후지산에서는 '첫눈'이라 부르고, 반대로 이날 이전으로 가장 마지막에 내린 눈이 '종설終雪'이다.

예를 들어, 8월 중순에 눈이 내려서 '첫눈'이라 생각해도, 8월 하순에 더 더운 날이 있으면, 종설이 될 수도 있다. 후지산에서는 산 정상의 일일 평균기온이 가장 높은 날이 언제인지 정해지지 않으면, 첫 관설도 첫눈도 종설도 확정되지 않는 것이다.

2013년 11월 20일, 일본 오가사와라제도_{小笠原諸島}에 있는 니시노시마_{西之島}의 바로 옆 바다에서 일어나는 화산이 뿜어내는 연기를 확인했다. 수시간 후에는 니시노시마에서 겨우 600미터 정도 떨어진 곳에 섬의 모습이 있었다. 그날 일본에 섬이 하나 더 늘었다.

그런데 그 후에도 분화가 계속되면서 섬은 계속 확대되었고, 얼마 지나지 않아 원래의 니시노시마와 일체화했다. 결국 일본 섬의 수는 원래대로 되돌아간 것인데, 일본열도는 화산의 움직임이 활발하기 때문에, 앞으로도 새로운 섬이 생겨날 가능성이 있다.

일본은 수많은 섬으로 구성된 나라이다. 큰 섬으로는 홋카이도, 혼슈, 시코쿠, 규슈, 이렇게 4개이다. 그리고 그 주변에 셀 수 없을 정도의 섬들이 떠있

다. 그렇다면 대체 몇 개의 섬이 있을까?

총무성이 공표하고 있는 일본 통계연감에 의하면, 일본 섬의 수는 6,852개이다. 가장 많은 곳은 혼슈로 3,194개, 다음으로 규슈 2,160개, 시코쿠조차 626개나 되는 섬이 있다. 그리고 홋카이도는 509개, 오키나와는 363개이다.

단, 이 수에는 조건이 있는데 '해상 보안청이 2만 5천분의 1인 해도를 기준으로 하여, 해도상의 해안선 0.1킬로미터 이상의 섬'에 대하여 조사한 것이다. 즉, 해안선이 0.1킬로미터 미만의 섬은 카운트되지 않기 때문에, 실제 수는 그 이상이라고 생각할 수 있다. 일본에 섬은 몇 개나 있나요? 라고 질문한다면 '정확하게는 몰라!'가 바른 대답이다.

게다가, 일본에는 무인도가 매우 많다. 일본이도日本離島센터에 따르면 유인도는 약 420개, 무인도는 무려 약 6,430개나 된다. 국세조사를 기준으로 산출한 숫자이다.

또한 일본 지도에서 도쿄도는 상당히 좁은데, 사실 니시노시마를 포함하는 오가사와라제도나 일본 최남단 오키노토리시마沖ノ鳥島도 도쿄도에 포함되어 있다. 도심에서 오키노토리시마까지 거리는 약 1700킬로미터이다. 좁다고 여겨지는 도쿄도는 일본에서 남북으로 가장 긴 도도부현인 것이다.

다다미와 일본 정원

제5장
'다이쇼 새우' 는 메이지 시대에는 뭐라고 불렀을까?
— 세계에서 유행! 일본 음식에 얽힌 15개의 상식

56. 일본인은 언제부터 (날)생선을 먹게 되었나?

익히지 않고 고기나 생선을 먹는, 이른바 '생식'이라는 풍습은 세계 각국에 존재한다. 북극에 사는 이누이트족은 바다표범이나 고래뿐 아니라, 순록이나 사향소 등 고기도 생으로 먹는다. 비타민 부족을 보충하기 위함인데, 극한 지역만의 식문화로 다른 지역으로는 퍼지지 않는다.

그런데 같은 생식이면서, 세계 각지에서 먹게 된 요리가 '회'와 '초밥'이다.

일본은 바다로 둘러 쌓여있기 때문에, 전국에서 선도가 좋은 어패류를 손에 넣어왔다. 그래서 회나 생선초밥이 널리 퍼져간 것인데, 일본인이 본격적으로 이것들을 먹기 시작하게 된 것은 언제부터일까?

그것에는 필수품이라고 할 수 있는 '간장'의 역사가 크게 관련하고 있다.

일본에서 지금과 같은 간장이 처음 만들어진 것은, 지금의 와카야마현 유아

사초湯浅町 부근이다. 가마쿠라 시대에 승려가 중국에서 가져온 긴잔지미소金山寺味噌[1]의 제법을 근거로 된장을 만들었는데, 그 후 된장에서 배어 나오는 국물이 맛있다는 것을 알아차렸다. 이것이 '다마리쇼유たまり醬油'[2]가 되었다고 한다. 처음에는 관서에서 널리 사용되었던 간장인데, 이것들이 묽은 간장이다. 1600년대 후반부터 1700년대에 걸쳐, 관동에서도 진한 간장이 만들어지게 되었다.

회를 먹게 된 것은 관동에서 진한 간장의 대량생산이 시작되었던 시기와 겹친다. 생선초밥은 그보다 더 늦은 에도 시대의 후반이다.

날 생선과 궁합이 좋은 진한 간장은 에도의 식생활을 크게 바꾸게 되었다.

지금이야 큰 인기를 누리는 참치マグロ는, 간장의 은혜를 입은 대표적인 생선이다. 참치는 썩기 쉬워서 에도 사람들로부터 저급 생선 취급 받았기 때문에, 소금에 절인 다음에 구워서 먹는 방법 이외에 이렇다 할 방법도 없었다.

하지만 간장으로 붉은 생선 살을 절여, 소금을 사용하지 않고 보존 가능하게 한 '절임ヅケ'이라는 먹는 방법이 등장하고 나서, 그 가치가 상승했다고 한다.

(일본에서) 얼마 전에 'KY'라는 말이 유행했었다. '저 사람 KY니까'라고 하면 '분위기를 읽지 못하는 녀석'이라는 의미인데 공기空気의 'K', 읽지 못하는読めない 'Y'에서 왔다.

분위기를 읽지 못한다는 것은 '장소에 맞지 않는' 언동을 하는 것이다. 사람과의 조화를 중요하게 여기는 일본인은, 이처럼 장소에 맞지 않는 것을 꺼리는 경향이 강한 것 같다. 특히 에도 시대 서민은, 이 장소에 맞지 않는 것을 싫어했다고 한다.

예를 들어, 기모노의 천을 염색하는 곳은 '곤야초紺屋町(염색집)'로 시세相場가 정해져 있었는데, 그곳 외에서 물들여진 천은 '바치가이場違い(주산지의 산물이 아닌 것)'[3]라고 불렀다.

먹는 것도 그렇다. 에도 앞에서 잡힌 생선으로 만든 것이 '에도마에즈시江戸前寿司', 어딘가 먼 곳에서 가져온 생선을 사용한 스시는 '바치가이'라고 했다. '에도마에'라고 불리는 것은, 에도만灣, 지금의 도쿄만灣인데, 시나가와에서 가사이葛西 부근의 어장으로 한정되는 지역이다.

변하여, 이 지역에서 잡힌 어패류를 '에도마에'라고 부르게 되었다. 에도 서민에게는 바로 근처 바다에서 잡힌 어패류이기에, 틀림없이 신선했을 것이다. 생으로 먹는 것이기 때문에 신선도는 특히 중시되었을 것이다.

그런데 에도마에 어패류로 만든 에도마에즈시, 그 발상지는 어디일까?

에도마에즈시는, 흰 쌀인 샤리シャリ 위에 생선 토막을 올린 생선 초밥으로, 이것을 고안한 것은 하나야 요헤이華屋与兵衛라고한다.

그는 그때까지 에도에서 먹고 있던 오시즈시押し寿司[4]에서 힌트를 얻어, 그 자리에서 바로 만들어 먹을 수 있는

'생선초밥'을 고안하여, 요리 배달통을 가지고 거리를 걸어 다니며 팔았다. 이 것이 번성하자 이번에는 지금의 스미다쿠료고쿠墨田区両国에 포장마차를 내서 판매를 시작했다.

그 후, '하나야'라는 가게를 내어, '요헤이즈시与兵衛寿司'로 팔기 시작했다. 이 것이 에도에서 좋은 평가를 얻으면서 크게 번성하였고, 이 외에도 생선초밥을 내놓는 가게가 에도 전체로 퍼졌다고 한다. 즉, 에도마에즈시의 발상지는 스미다쿠료고쿠라고 한다.

이 발상지인 하나야는 1930년(쇼와 5년)까지 계속되었다. 현재는 그곳에 하나야 요헤이와 요헤이즈시를 기리는 기념비가 세워져 있다.

58. '사시미'와 '오쓰쿠리'는 같은 요리? 다른 요리?

일본을 찾는 외국인에게 추천 일본 요리를 말하자면, '사시미(회)' '스시(초밥)' '덴푸라(튀김)' 일 것이다. 지금은 해외에서의 일본 음식이 인기이기도 해서, 젓가락질을 잘하면서 맛있게 먹는 외국인을 발견하는 일도 많아졌다.

그 중에서도 사시미나 스시는 'Sashimi' 'Sushi' 로도 통할 정도로, 세계에 침투했다고 할 수 있을 것이다.

그런 세계적인 단어가 사시미인데, 이자카야나 작은 요릿집 메뉴를 보면 '오쓰쿠리ぉ造り'라고 써있는 경우도 많다. 사시미도 오쓰쿠리도 신선한 어패류를 날 것 채로 자른 일본 요리인데 차이점이 있을까?

일본에서 생활하는 외국인이 '사시미 있나요?'라고 가게 직원에게 물어봤더니, '오쓰쿠리로 하시겠습니까?'라고 대답해서 당황했다는 이야기도 있다. 그렇다면 무언가 차이점이 있는 건 아닌가? 라고 생각하기 쉬운데, 과연 어떨까?

답은 '차이는 없다.' 둘 다 같은 요리를 지칭하는 단어로, 관동에서는 '사시미', 관서에서는 '오쓰쿠리'가 일반적인 명칭이다.

어패류의 토막을 생으로 막는 요리는 에도 시대, 먼저 관동을 중심으로 퍼져 갔다. 무가사회의 관동에서는 '기루切る(자르다)'라는 말은 재수가 없다고 해서, '기리미切り身(생선토막)'라는 명칭을 피하여 '사시미'라고 불리게 되었다.

또한 생선을 토막 내어 늘어놓으면 어떤 생선 요리인지 알 수 없기 때문에, 생선의 지느러미나 아가미 부분을 '꽂아서刺して' 표시하면서, 생선 종류를 알

수 있도록 한 것에서 '사시미'라고 불리게 되었다는 설도 있다.

한편, 관동에서 관서로 퍼진 사시미인데, 관서에서는 '사스刺す(찌르다)'라는 말도 재수가 없다고 여겼다. 이 때문에 '조리한다'는 의미를 가진 '쓰쿠루作る'라는 말에서 '쓰쿠리미作り身' '쓰쿠리造り' '오쓰쿠리お造り'로 변화했다.

지금은 배 모양 그릇에 생선회를 담거나, 머리나 꼬리를 함께 담는 등 호화롭게 장식된 사시미를 '오쓰쿠리'라고 부르고, 심플한 생선 토막을 '사시미'라고 부르는 경향도 있지만, 작은 접시에 소량의 사시미를 담은 것도 오쓰쿠리라고 부르는 경우도 있다. 확실하게 구분하지 않는 것 같다.

일본에 와서 처음 일본 카레를 먹은 인도사람이 '이 맛있는 요리는 대체 무엇인가요?'라며 놀랐다는 재미있는 이야기가 있다.

완전한 농담은 아니지만, 그만큼 인도 카레와 일본 카레는 다른 것이다. 왜일까?

원래 인도에 '카레'라는 메뉴는 존재하지 않는다. '카레'란, 다양한 향신료를 다용한 인도의 독특한 조리법에 의해 만들어진 요리에 대하여, 서양인이 붙인 명칭이다.

인도에서는 콩을 사용한 카레를 '달', 시금치 등의 야채를 사용한 카레를 '사구', 콜리플라워와 감자를 사용한 카레를 '알루고비' 등, 메뉴 별로 호칭이 있다.

그렇다면 그런 인도 카레 요리와 일본 카레라이스에는 어떤 차이가 있는 것일까?

인도 카레의 루는 물기가 많고 매끈한 것이 특징인데, 일본 루는 걸쭉함이 있다. 이것은 루에 밀가루를 넣었기 때문이다. 인도에서는 루에 밀가루는 거의 넣지 않는다고 한다.

이런 차이가 생긴 배경에는, 서양열강의 아시아 진출과 카레 전래의 역사가 숨어있다.

영국은 1600년에 설립한 '동인도회사'를 발판으로, 인도의 본격적인 식민지 경영에 착수했다. 그 후 많은 영국인이 인도로 이주를 했고, 인도 문화를 모국으로 전달했는데, 1722년에 헤이스팅이라는 영국인이 카레의 원료와 쌀을 모

국으로 가져가, 그것을 기초로 19세기 초 영국에서 카레 가루가 만들어졌다. 일본에서 사용되는 카레 가루는 인도가 아닌 영국에서 고안된 것으로, 인도에 카레 가루는 없다.

　게다가 영국에서, 이 카레 가루에 밀가루로 걸쭉함을 더한 서양식 조림 요리로 변화하였고, 그것이 메이지 시대에 일본으로 전파되었다. 일본에서 카레는 인도 요리가 아닌 서양 요리로서 널리 퍼진 것이다. 이것이 일본 카레가 본고장 인도와는 다른 요리가 된 이유이다.

카레라이스는 인도 발상, 라멘은 중국 발상의 요리이다. 그런데 일본의 카레라이스도 라멘도 독자적으로 발전했기 때문에, 인도나 중국 요리와는 다른 음식이 되었다.

특히 일본의 라멘은, 삿포로 라멘이나 기타카타 라멘, 오노미치 라멘, 하카타 라멘 등 지역 별로 명물화되고 있다. 인도에 가도 일본식 카레라이스는 나오지 않으며, 하물며 중국에 이르러서는 '일본식 라멘'이 역수입하고 있다.

그런데 이 카레라이스 등의 '라이스' 말인데, '밥'일까 '라이스'일까? 같은 것이라고 생각하는 사람도 있을지 모르지만, '밥'과 '라이스'는 다르다. 요리 업계에서는 그 차이가 명확하다.

많은 사람들은 '밥을 영어로 하면 라이스' 또는 '공기에 담으면 밥, 접시에 담으면 라이스'라고 하는데, 이것도 오해이다. 사실 조리 방법이 다르다.

밥은 쌀을 익힌 것이다. 요즘에는 전기밥솥으로 간단하게 밥을 지을 수 있게 되었지만, 원래 물로 씻은 쌀을 물과 함께 가마에 넣어, 불을 지핀다.

한편 '라이스'는 밥을 짓는 도중에 한번 물을 버린다. 그 후 다시 물을 넣어서 익힌다. 이 때문에 밥보다 점도가 생기지 않는다. 양식에 있는 식감과 맛이 되는 셈이다. 서양에서는 쌀을 익히는 도중에 물을 버려 '라이스'로 조리하는 가정도 많다고 한다. 일본에서는 전통적으로 '밥'을 짓는 것이 일반적이다.

그렇다고는 하지만, 실제 카레라이스에 '밥'을 사용하는 요리점도 있는 것처럼, 어디까지 엄밀하게 구별되어 있는지는, 확실하지 않다.

　발렌타인데이는 기독교 이벤트 중 하나인데, 해외에서는 남녀가 사랑을 맹세하는 날로 되어 있다. 그런데 일본에서는 여성이 남성에게 초콜릿을 주면서 사랑을 고백하는 날로, 이벤트의 의미가 다르다. 왜 일본에 이와 같은 형태로 퍼진 것일까?

　과자 제조사인 모로조프가 1936년에, 외국인용 영자 신문에 '발렌타인데이용 초콜릿'의 광고를 낸 것이 시작이었다고 한다. 그 후, 각 과자 제조사들이 '2월 14일에는 초콜릿을 주며 사랑고백을!'이라며 이벤트를 펼친 것이 정착되었다.

　사실 이런 판매 촉진 이벤트는 에도 시대에도 있었다. 그것이 복날에 '장어를 먹자'라는 것이다. 복날이라는 기간은, 춘하추동에 각각 한 번, 18일간씩

돌아온다. 그 사이에 오는 축일丑の日이 '복날土用の丑の日'이 된다.

원래 장어를 맛있게 먹을 수 있는 때는, 가을에서 겨울 사이의 시기로, 여름에 장어를 먹는 사람은 적었다. 어떻게든 여름에 장어를 먹도록 할 수 있는 방법은 없을까? 하고 장어집을 운영하는 지인에게 고민상담을 듣게 된 히라가 겐나이平賀源内가 '오늘은 복날'이라는 캐치프레이즈를 생각해, 장어집에 걸었던 것이 크게 번성했다. 이것으로 복날에 장어를 먹는 습관이 생겼다고 한다.

원래 복날은 우사기ウサギ(토끼), 우동ウドン, 우리ウリ(오이), 우메보시梅干し(매실장아찌) 등, 이름에 '우ウ'가 붙는 것을 먹는 풍습이 있었다. 이에 히라가 겐나이는 장어(우나기)를 어필하는 작전을 떠올린 셈이다.

또한 히라가 겐나이는 서양에서 전해져 온 부서진 마찰기전기(정전기를 만드는 기계)를 수리하거나, 연극 대본을 쓰거나 겐나이 야키라는 도자기를 고안하거나, 유화를 그리는 등 매우 폭 넓은 분야에서 재능을 발휘했던 인물이다.

장어의 예도, 일본 첫 '광고 문안'이라고 한다. 참고로 치약을 널리 서민들에게 사용하게 하기 위해, 요즘으로 치면 CF 음악도 다루었다.

62. '모리소바'와 '자루소바', 차이는 김만이 아니었어?

「もり蕎麦」と「ざる蕎麦」、違いは海苔だけじゃなかった？

에도 시대부터 서민들에게 인기있는 음식이라고 하면 소바를 들 수 있다. 차가운 장국의 소바에는 '모리소바'와 '자루소바'가 있는데, 이 차이는 무엇일까?

실제로 주문해 보면, 자루소바는 소바 위에 채를 썬 김이 올려져 있다. 차이가 김밖에 없나? 라며 맥이 빠질 것 같지만, '모리'와 '자루'에는 각각 다른 유래가 있다.

에도 시대 소바는 '소바키리そば切り'라고 불렸는데, 장국에 찍어 먹는 것이었다. 그런데 성급한 에도 사람은, 일일이 장국에 찍는 것이 귀찮았기 때문에 소바에 장국을 부어서 먹게 되었다. 이 '붓카케소바ぶっかけ蕎麦'가 인기를 끌었는데, 그릇도 하나면 되고 치우기도 좋다며, 많은 소바가게가 붓카케소바를 내놓게 되었다.

그렇게 되자, 장국에 찍어서 먹는 소바와 구별할 필요가 생겼다. 그래서 그릇에 담아, 장국에 찍어 먹는 소바를 '모리소바'라고 부르기로 한 것이다. 소바를 높게 쌓기 때문에 이 명칭이 되었다는 설도 있다.

자루소바는 에도 시대에 후카가와深川에 있던 '이세야伊勢屋'라는 소바가게에서 대나무 소쿠리에 소바를 담은 것이 시작이었다고 한다. 물로 씻은 소바를 담는데, 자루(소쿠리)는 딱 좋았다. 소바에 물기가 없어졌으며, 식감도 좋아졌다. 이 소바도 평판이 좋았다고 한다.

자루소바에 채 썬 김을 올리게 된 것은 메이지 시대 이후인데, 또한 모리소바와는 다른 '자루시루ざる汁'를 따로 만들어 '장국의 차별화'를 두었다고 한다. 모리소바의 장국은 관동식으로 짜지만, 자루시루는 비싼 맛술이나 국물을 사용한 관서식의 부드러운 맛이었다고 한다. 지금은 자루시루를 만드는 가게는 적으며, 일부 노포(대대로 물려 내려오는 점포)를 제외하면 모리와 자루의 차이는 김의 유무밖에 없다고 말해도 과언은 아닐 것이다.

또 하나, '세이로소바せいろそば'라는 명칭도 있다. '세이로'는 찜 요리에 사용하는 '나무 찜통蒸籠'을 가리키는 말로, 이것에 소바를 담았기 때문에 '세이로소바'라고 불리게 되었다.

63. 쇼트케이크는 뭐가 '쇼트'인가?

ショートケーキは何が「ショート」なのか？

쇼트홀(short hole)이라고 하면, 골프에서 파(par) 3의 홀을 말한다. 사실 일본 골프코스의 독특한 표현법으로 일본식 영어이다. '그녀는 쇼트 커트가 더 잘 어울려'라고 말할 때의 쇼트 커트도 바른 영어표현은 '쇼트 헤어'이다. 쇼트 커트는 '지름길'이라는 의미이다.

쇼트를 사용한 말 중 '쇼트케이크'도 영어와 일본어에서는, 과자의 종류가 상당히 달라진다.

일본인이라면 누구나가 떠올리는 생일이나 크리스마스 때, 사는 케이크의 정석으로, 폭신폭신한 스폰지를 하얀 생크림과 딸기로 장식한 케이크인데, 미국에서 '쇼트케이크(Shortcake)'는 스폰지 대신에 비스킷을 사용하여 생크림과 딸기를 사이에 넣은 과자를 말한다. 이 'Short'에는 '바삭바삭한'이라는 의미가 있다. 일본의 쇼트케이크와는 외관도 식감도 완전히 다르다.

즉, 일본에서 잘 알려진 쇼트케이크는 일본 발상의 오리지널이다. 이것을 생각해낸 사람에는 여러 설이 있다. 한 사람은 페코짱으로 친숙한 후지야不二家의 창립자 후지이 린에몽藤井林右衛門이다. 1992년에 미국식 쇼트케이크를 일본인을 위해 개량하여 스폰지로 케이크를 만들어 팔기 시작했다고 한다.

발매 당초에는 스폰지 주변에 생크림이 발라져 있지 않았기 때문에, 외관은 미국식 쇼트케이크와 비슷했다고 한다.

또 다른 사람은 프랑스 과자 '코롬방'의 창업자 가도쿠라 구니테루門倉國輝가

젊었을 때, 프랑스에서 수학하고 귀국한 후에 일본인을 위해 쇼트케이크를 고안했다는 설도 유력하다.

그런데 일본 오리지널인 그 케이크는 왜 '쇼트' 케이크인 것일까? '롱' 케이크가 있어서, 그것을 작게 자르기 때문은 아니다.

앞서 이야기한대로 쇼트케이크를 참고했기 때문이라는 설도 있으며, 스폰지에 생크림과 딸기 등 과일을 장식만으로 '단시간에 만들 수 있는' 것이기 때문이라는 설도 있다.

바다에 사는 기묘한 모양의 생물 '다쓰노오토시고タツノオトシゴ(해마)'는 용을 닮은 모습이기 때문에 '다쓰タッ', 즉 용이 떨어뜨린 아이라는 의미의 이름이 붙여졌다.

다쓰노오토시고와 닮은 동물이 '다쓰노이토코'와 '다쓰노하토코'이다. 다쓰노오토시고와 닮았기 때문에 '이토코イトコ(사촌)'와 '하토코ハトコ(육촌)'가 붙여졌을 것이다. 그렇게 생각하면 의문스러운 점이 '다쓰노오토시고'가 발견되기 전에 '다쓰노이토코'는 뭐라고 불렀을까? 라는 점이다.

이와 같은 의문을 품게 되는 것이 '다이쇼 새우'이다.

다이쇼 새우를 자주 먹게 된 것은 다이쇼 시대이다. 연호는 메이지→ 다이쇼→ 쇼와→ 헤이세이로 이어지고 있는데, 다이쇼 새우는 자연에 생식하는 생물이기 때문에 다이쇼가 되어 갑자기 나왔을 리는 없다. 대체 다이쇼 시대가 시작되기 전에는 뭐라고 불렀을까? 메이지 새우?는 있을 수 없다.

다이쇼 시대보다 전에는 '고라이高麗 새우'였다라는 것도 중국이나 대만 주변에서 잡은 것을 수입하는 새우이기 때문이다.

이것을 '다이쇼 새우'라고 부르게 된 것은 다이쇼 시대에 설립된 새우를 취급하는 회사인 '다이쇼구미大正組み'가 중국에 생식하는 '고라이 새우'에 '다이쇼 새우'라는 이름을 붙여서, 일본 시장에 팔기 시작한 것에 따른다. 즉 '다이쇼 새우'의 '다이쇼'의 유래는, 다이쇼 시대가 아닌 회사 이름인 것이다.

또한 이 새우는 튀김이나 술을 넣어 찌면 맛있지만 요리에 사용하는 식재료 정도 되면, 이름도 중요하다. 맛있을 것 같고 고급스러운 느낌도 그 나름대로 가지고 있는 이름이 아니면, 식재료로서의 매력도 떨어진다. 그래서 '다이쇼 새우'였다고 한다.

다이쇼 시대에 급격하게 보급된 배경에는 '이름'이 좋았기 때문이라는 이유도 분명히 있을 것이다. 당시 사람들은 '지금 이 시대에 있는 새우의 맛'이라고 느끼면서 먹었을 것이다.

65. '海老(새우)'와 '蝦(새우)'의 차이, 알고 있는가?

「海老」と「蝦」の違い、知っていますか？

한자는 각각의 글자가 의미나 그 글자의 성분을 나타내고 있는 것이 특징이다. 그 때문에 '레이구礼遇(예우)'와 '레이구冷遇(푸대접)' 등, 발음은 같지만 의미가 거의 정반대가 되어버리는 일도 있다.

또, 같은 한자권이라도 나라가 다르면 글자가 갖는 의미도 달라진다. 중국어로 '手紙(편지)'라고 쓰면 화장지를 뜻하며, '愛人(정부)'은 부인이나 남편을 말한다. '日陰の身'도 '숨기고 싶은 존재'가 아니다.

그런데 한자의 의미를 생각하면 이상하게도, 같은 것을 나타내는 것이라 여겨지는데 다른 한자를 사용하는 경우가 있다.

예를 들어, '海老'와 '蝦'를 들 수 있다. 둘 다 새우를 뜻하지만, 왜 한자가 두 종류인 것일까? 의미나 성분을 나타내는 것이 한자의 특징이기 때문에, 이 두 가지에는 분명 차이가 있을 것이다. 그 말대로, 두 개의 한자는 각각 다른 새우를 나타내고 있다.

원래 새우는 크게 해저를 걷는 타입의 보행형과 바다 속을 헤엄치는 타입의 유영형으로 나뉜다. 일반적으로 보행형을 '海老', 유영형을 '蝦'라고 쓰는 것이 올바르다고 한다.

그렇다면 문장 속에서 새우를 쓸 경우, 그 새우가 '걷는지' '수영하는지' 조사하여 써야만 하는 것일까? 사실 그렇게까지 엄밀하게 구별되지는 않는 것 같다.

지금은 대하처럼 큰 새우는 '海老', 보리새우나 벚꽃새우 등 소형 새우는 '蝦'라고 쓰는 것이 통례이다. 이렇게 되자 곤란한 것은 참새우나 모란새우 등과 같은 중형 새우이다. 인터넷에서 참새우를 검색하면 '車海老'보다 '車蝦'를 더 많이 쓰는 것 같다.

참고로, 새우는 영어로도 크기에 따라 호칭이 다르다. 대하처럼 큰 새우는 '로브스터(lobster)', 참새우 정도의 크기가 '프론(prawn)', 작은 새우는 '쉬림프 (shrimp)'로 일본어보다 더 자세하게 구분되어 있다.

일본에서 사람들이 海老와 蝦의 차이를 묻는다면, 영어로도 명확히 구별되어 있는 것을 설명해주자.

이자카야에서 긴죠슈를 데워달라고 부탁하자, 직원이 이상한 눈으로 쳐다 보았던 적은 없나? 가게에 따라서 거절하는 경우도 있는 것 같다. 긴죠슈는 따뜻하게 마시는 술이 아니라 차갑게 마시는 술이라는 버젓한 이유가 있다.

일반적으로 긴죠슈는 '긴죠향'이라 불리는 독특한 과일향을 즐기기 위해, 차갑게 마시는 것이 좋다고 한다. 따뜻하게 하면 모처럼의 향이 날아가 버리기 때문이다.

그렇다면 왜 긴죠슈는 향이 좋아진 것일까?

제조법에 그 이유가 있다. 일본술日本酒에는 긴죠수 외에, 준마이슈純米酒나 혼죠조슈本醸造酒 등의 명칭이 있는데, 이들은 제조법에 따른 분류라고 생각해도 좋다.

긴죠슈는 정미 비율이 60%이하가 될 때까지 정백한 백미를 원료로 하고 있다. 일반적으로 먹는 밥이 정미 비율이 90%이상이기 때문에, 상당히 '깎아낸 쌀'이다. 그것을 저온에서 천천히 발효시키는, 시간과 노력이 필요한 술인 것이다.

보관하는 창고에 따라서도 차이가 있는데, 5도에서 10도 사이의 온도에서 30일 이상 발효시킨다. 그 발효과정에서 다양한 알코올 성분을 생성시켜, 그들이 산과 결합하여 과일을 연상시키는 화사한 향이 생기는 것이다. 발효 시의 온도가 높으면 거기에서 향이 날아가 버린다. 긴죠슈는 따뜻하게 마시는 것이 아니라 차갑게 마시는 것도 같은 이유이다.

긴죠슈는 10월 무렵부터 만들기 시작하여, 완성되는 것은 3월에서 4월 경이

다. 완성된 것은 바로 출하하지 않고, 향이나 맛을 안정시키기 위해 반년 이상
저장하여 숙성시킨다. 즉, 출하까지 1년 가깝게 걸리는 셈이다.

또, 긴죠슈에는 다이긴죠_{大吟醸}라고 불리는 것도 있는데, 이것은 정미 시에
50%이하가 될 때까지 정백한 쌀을 사용하고 있다. 게다가 양조 알코올을 첨
가하지 않는 것은 준마이긴죠슈_{純米吟醸酒}라고 한다.

참고로, 향이 좋아서 산뜻한 맛이 나는 긴죠슈는 차갑게 해서 마시는 것이
좋은데, 감칠맛이나 향이 강한 준마이슈나 혼죠조슈는 차가우면 조금 무거운
느낌이 든다. 그 때문에 따뜻하게 마시는 것을 추천한다.

67. 일본술(청주)을 알코올 도수 22도 이상으로 하지 못하는 이유는?

세계 각지에서 마시는 술은, 나라나 지역 별로 다양한 종류가 존재한다. 그 중에서도 희귀한 것이 '분말주'일 것이다. 술에서 알코올과 향기 성분을 남기고, 수분만을 제거하여 분말로 만든 것이다.

매실주, 워커, 브랜디, 와인, 청주 등 다양한 종류의 분말주가 만들어지고 있다. 물에 녹여 술로 만드는 것 이외에, 과자나 케이크 등에도 사용된다.

이 분말주가 보통 술과 다른 점은 도수이다. 술의 도수는 액체 100cc에 포함되는 알코올의 양으로 나타낸다. 분말주의 경우는 녹이는 물의 양에 따라서 도수가 달라지는 것이다.

그런데, 세계 각지의 술 중에서 알코올 도수가 가장 높은 것은, 사실 일본술이라고 할 수 있는데 알고 있을까?

이 점에 놀랄지도 모르겠다. 워커나 브랜디가 일본술보다 알코올 도수가 높지 않냐며 말이다. 확실히 브랜디는 40도에서 50도나 되고, 워커에서는 90도 이상인 것도 있다.

하지만 그것들은 증류주로, 한 번 만든 본래의 술을 반복적으로 증류하여 도수를 높인 것이다.

반면, 일본술의 원주는 20도 정도의 알코올 도수를 가지고 있어서, 그것을 상품으로 출하할 때, 15도 정도까지 희석하고 있다. 원주의 단계에서 알코올

도수가 20도나 되는 술은 드물다.

참고로 일본술에서는 효모가 원료인 쌀의 당분을 먹고 알코올로 바꾸고 있는데, 그 때에 알코올 도수가 20도를 넘으면 알코올의 작용으로 효모 자신이 죽어버린다. 그래서 그 이상의 도수를 가진 일본술을 만드는 것은 어려운 일이다.

아울러 일본 주세법에서 일본술은 알코올 도가 20도 미만이라고 되어있다. 그 이상의 알코올 도를 갖는 일본술이 없는 것은 이 법률이 있기 때문이다.

단, 법률상 일본술에 포함되지는 않지만, 사실 22도를 넘는 일본술이 실제로 존재한다. 그것은 니가타에서 만들어지는 '에치고사무라이越後武士'라는 술이다. 일본술과 같은 양조주로, 무려 46도로 알코올 도수가 높다. 제조법은 분명하지 않다.

レギュラーコーヒー、何が「レギュラー」なのか？

'콘센트' '쿨러(에어컨)' '노토파소콘(노트북)' 등, 영어로는 사용하지 않도록 주의하자. 영어라고 착각하기 쉬운데, 일본인이 아닌 사람에게 잘 의미가 통하지 않아서 창피할 수 있다. 이들은 일본식 영어인 것이다.

사실 '레귤러커피'도 그런 일본식 영어 중 하나라고 할 수 있다. 일찍이 일본에서는 본격적인 커피를 가정에서 마시는 관습은 없었으며, '인스턴트커피'가 주류였다.

그런데 1970년 전후부터, 로스팅 한 원두로부터 추출하는 커피가 보급되기 시작했다. 그때, 인스턴트커피와 구별하기 위해서 생겨난 것이 '레귤러커피'라는 명칭이다.

레귤러커피란, 원두의 종류나 마시는 법, 커피를 끓이는 방법에서 유래한 것이 아니라, 로스팅 한 커피 원두를 분말 형태로 하여, 페이퍼필터 등으로 드립하여 마시는 것을 모두 레귤러커피라고 부른 것이다.

이 레귤러커피라는 단어, 영어에도 있기는 하지만 의미는 다양하다.

예를 들어, 뉴욕 카페에서 레귤러커피를 주문하면 커피에 우유와 설탕이 들어간 것이 일반적이다. 한편 지역에 따라 블랙커피이거나, 카페인이 들어간 커피이기도 하다.

또 커피잔 사이즈가 레귤러인 것도 많다. 어쨌든 일본에서 일반적으로 사용되고 있는 레귤러커피와는 의미가 다른 것이다.

덧붙여, 세계에서 처음 커피하우스가 생긴 것은 1554년으로 당시 오스만제국의 콘스탄티노플(현재의 이스탄불)이다. 일본에는 에도 시대 초기에 나가사키 데지마出島의 네덜란드 상점을 통해 들어왔다고 하는데, 문헌에는 1780년대에 들어서 등장했다.

일본에서 처음 커피의 풍미에 대하여 이야기 한 것은, 미식가로 알려진 쇼쿠산진蜀山人에서 '그을린 향이 나는 음료'라고 이야기했다고 한다. 네덜란드 상점을 통해 들어왔기 때문에, 일본어의 커피는 영어의 'coffee'가 아닌 네덜란드어 'Koffie'에서 유래한다.

재능이 있는 젊은이를 '황금알金の卵'이라고 부르는 경우가 있다. 이 말은 젊은이가 가진 가능성을 '알'에 비유한 것으로 '미래에 틀림없이 훌륭한 사람으로 성장할 것이다'라는 기대를 담아 사용하고 있다.

단, 글자로 표현 했을 때에 '金の卵'라고는 써도 '金の玉子(황금 계란)'이라고 쓰는 일은 거의 없다. 그것은 왜일까? 사실 같은 알이라도 '卵(달걀)'와 '玉子(계란)'는 의미에 차이가 있기 때문이다.

'卵'란, 조금 어렵게 설명을 하자면, 생물이 효율적으로 자손을 남기기 위해서 체외로 배출한 껍질이 붙은 생식세포를 가리킨다. 그 중에서 식재료로 취급되는 일이 많은 닭의 알을 조리하여 가공한 것을 '玉子'라고 부르는 것이다.

요컨대 껍질이 있는 것은 '卵'이고, 조리하면 '玉子'인 것이다.

그렇게 생각해보면 확실히 탐험가 콜럼버스가 계란의 밑을 깨고 억지로 세웠다는 일화에 나오는 알을 문자로 할 때는 'コロンブスの卵(콜럼버스의 달걀)'라고 하지 'コロンブスの玉子(콜럼버스의 계란)'라고는 그다지 쓰지 않는다. 달걀을 풀어서 하얀 밥에 올리기만 하는 '卵かけご飯(계란간장밥)'도 역시 '玉子かけご飯(달걀간장밥)'을 쓰지 않는 것이 일반적이다.

단, 이 설에는 이론(異論)도 있다. 지방에 따라서는 달걀을 조미료와 섞어서 익힌 '玉子焼き(계란말이)'를 '卵焼き(달걀말이)'라고 표기하는 곳도 있기 때문이다. 풀어놓은 달걀을 술이나 설탕과 섞어서 익힌 '계란술たまご酒'의 경우는, 일본어 달인인 메이지 문호들 사이에서도 '卵酒'파와 '玉子酒'파로 나뉘었다.

이렇게까지 되면, '卵'와 '玉子'을 분리하여 사용하는 일은 어려워진다. 히라가나의 'たまご(다마고)'도, 가타카나의 'タマゴ(다마고)'도 최근에는 자주 사용되고 있다. 실제 생활 속에서는 엄밀하게 구별할 일이 그다지 없을지도 모른다.

70. 도시락에 들어있는, 그 녹색 칸막이의 정체는?

お弁当に入っている、あの緑の仕切りの正体は？

일본 음식이 세계적으로 인기를 끌고 있는데, 지금은 일본 '도시락'이 해외에서 주목을 받고 있다고 한다. 영어로 'bento'라고 해도 통한다는 이야기도 있을 정도이다. 런치박스 안을 몇 개로 나누어서, 거기에 밥과 메인 반찬, 사이드 반찬을 나누어서 담는다. 색감도 예쁘고, 영양 밸런스도 좋아 해외에서 절찬을 받고 있는 주된 이유이다.

이런 일본의 전통적이라고 할 수 있는 도시락을 철도역의 지하상가나 역 안에서 사면, 안에 녹색 플라스틱으로 생긴 조릿대와 같은 것이 들어있다. 이름은 '바란ﾊﾞﾗﾝ'이다. 이것은 무엇 때문에 들어있는 것일까?

그 이유는 바란의 유래와도 관계가 있다. 원래 바란의 유래는 한자로 '葉蘭 (엽란)'이라고 쓰는 백합과 식물이다. 읽는 방법은 '하란はらん'으로, 에도 시대 의 요리사나 스시 장인은 하란의 잎을 반찬과 반찬을 나누는데 사용했다. 반 찬들이 옆에 있으면 반찬끼리 딱 붙어 버리기 때문에, 맛이 섞이거나 색이 번 지는 것을 막기 위해서였다.

그런데 식물 생육에는 계절과 관계가 있기도 하고, 바로 손에 넣을 수 없을 때도 있다. 그래서 시대가 흐르는 사이에 얇은 플라스틱의 녹색 시트로 하란 잎을 이미지화하여 세공 한 후 사용하게 된 것이다.

현재 바란이라고 하면 녹색 플라스틱을 세공한 것인데, 고급 요정이나 초밥 집에서는 지금도 진짜 하란 잎을 사용하고 있는 곳도 있다. 그 경우 호칭은 플 라스틱과 명확하게 구별하여 '하란'이라고 한다.

또 하란 뿐만이 아니라, 얼룩조릿대의 잎도 마찬가지로 사용되고 있다. 이 두 가지도 분리하여 사용하고 있는 것 같다. 하란은 요리에 디자인을 중시한 장식을 하고 싶을 때에 사용되고, 얼룩조릿대는 초밥을 가지런히 놓을 때 빈 틈을 연출하기 위한 포인트로 사용되는 일이 많다고 한다. 참고로 얼룩조릿 대를 세공한 것은 '기리사사切り笹'라고 부른다.

온천수

제6장
사무라이는 왜 상투머리를 했을까?

— 학교에서는 가르쳐주지 않는 일본 역사 13개의 잡학

　일본인은 의리가 두텁다. 특히 사람 이름에 관해서 의리가 발휘된다. 예를 들어 '다카하시'라는 이름을 하나 살펴봐도 '高橋'나 '髙橋'로 여러 가지 한자가 있는데, 메일이다 편지를 보낼 때는 명함을 꺼내 정확한 한자를 확실히 확인해야 한다. 만약 틀린다면 '대단히 실례했습니다'라고 변명 없이 그저 사죄해야 한다.

　그런데 그런 일본인이라도 신경 쓰지 않는 것이, 의외로 자신의 나라 이름이다. 나라 이름을 한자로 쓰면 '日本'인데, 이것은 사람에 따라 '니혼'이라고 하기도 하고 '닛폰'이라고 말하기도 한다. 어느 쪽이 바른 것일까? 외국인이 묻는다면 뭐라고 대답해야 할까?

대답은 '둘 다 올바르다'이다. 현재 일본 정부의 견해도 '어느 쪽으로 읽어도 좋다'고 하지만, 애매모호하다. 그래서 역사를 거슬러 올라가서 어느 쪽 읽는 법이 '오래되었는지'를 살펴보자.

여기에서 주목하고 싶은 것은 '하히후헤호ㅎㅏ ひふへほ'와 '파피푸페포パピプペポ'의 역사이다. 사실 '하히후헤호'의 음은 역사 속에서 변화를 반복하고 있다. 현재는 'ハヒフヘホ(ha hi hu he ho)'로 H음으로 발음하고 있는데, 전국 시대는 'ファフィフフェフォ(fa fi fu fe fo)'로 F음이었다고 생각된다. 일본을 찾아온 포르투갈인이 남긴 일포사전(1603~1604년에 걸쳐 발행된 일본어와 포르투갈어의 사전)에는 일본에 대해서 '니폰ニフォン, 닛폰ニッポン, 짓폰ジッポン' 세 가지의 기재가 있다.

또한 시대를 거슬러 올라가면 'パピプペポ(pa pi pu pe po)'로 P음으로 발음하고 있던 것으로 생각된다. 그리고 단어 사이에 P음이 있으면 그 앞에 '촉음ッ'이 삽입된다. 즉 옛날에는 일본이라고 쓰고 '니폰ニポン'이 아닌 '닛폰ニッポン'이라고 읽었던 셈이다.

그렇다면, 보다 오래된 일본의 호칭은 '닛폰ニッポン', 그 후 '니폰ニフォン'이 되어, '니혼ニホン'이 되었다고 할 수 있을 것 같다.

72. 왜 일본인은 그렇게나 벚꽃을 좋아할까?

일본은 사계절이 뚜렷한 나라이다. 계절의 변화를 느끼는 행사가 사계절 그때그때 있다. 2월의 절분[1], 3월의 히나마쓰리[2], 4월의 꽃놀이, 7월이나 8월에는 봉오도리[3]나 불꽃축제가 각지에서 열리고, 9월에는 달구경, 최근에는 10월 할로윈 파티도 가을의 긴 밤을 즐기는 이벤트로서 정착한 감이 있고, 12월에는 크리스마스도 있다. 일본인은 계절 변화를 즐기는 국민이라 할 수 있을 것이다.

특히 일본인에게 특별한 의미를 갖는 것이 '꽃놀이'이다. 벚꽃의 개화 정보가 TV뉴스에서도 전해지는 것을 보면, 일본인이 아닌 사람들은 '왜 일본인은 이렇게나 벚꽃을 좋아할까?' 이상하게 느낀다고 한다.

이유는 다양하게 생각할 수 있는데, 벚꽃이 한 번에 피어서, 금방 지는 모습에 아름다움뿐 아니라, 깨끗함, 아련함, 허망함 등을 느끼기 때문이라고 할 수 있다. '제행무상諸行無常[4]이나 '애절함' 등 일본적인 미학과 통하는 부분이 있다. 그것을 느끼는 것은 일본인의 DNA라고 해도 좋을 것 같다. 이렇게 말하는 것도, 일본인이 벚꽃을 사랑하게 된 것은 최근의 일이 아니기 때문이다.

헤이안 시대 가인歌人인 아리와라노 나리히라在原業平는 벚꽃에 대한 생각을 다음과 같은 노래로 표현하고 있다.

—世の中に　たえて桜のなかりせば　春の心はのどけからまし—

이 세상에 벚꽃이 전혀 없었다면, 봄의 마음은 정말로 한가하기 그지 없을 것을…이라는 의미인데, 물론 벚꽃이 없는 편이 좋다고 말하는 것이 아니다. 마음을 어지럽히는 벚꽃의 아름다움에 대한 애정과 집착을 역설적으로 표현 했다고 할 수 있다.

이 노래가 불러진 것은 지금으로부터 약 1200년 전이라고 하는데, 벚꽃의 인기가 높아지기 시작한 것은 아무래도 이 헤이안 시대인 것 같다.

헤이안 시대 보다, 앞선 나라 시대의 와카和歌에서 꽃이라고 하면 '매화'를 말한다. 이것이 헤이안 시대가 되자 그때까지 중국식 문화를 대신하여, 일본 적인 우아하고 아름다움을 좋아하는 국풍문화가 유행하여, 벚꽃의 인기도 높아졌다고 생각할 수 있다.

도요토미 히데요시豊臣秀吉[5]는 다이고지醍醐寺[6]에 700그루나 되는 벚꽃나무를 심게 하여, 1598년 봄에는 성대한 꽃놀이를 열었다. 에도 시대에는 품종개량이 진행되었고, 에도 말기에는 왕벚나무가 생겼다. 꽃놀이 풍습이 널리 서민에게 퍼진 것도 에도 시대이다.

お侍さんはなぜチョンマゲなんて結っていたの？

혜어스타일은 중요한 패션의 하나이다. 손이 많이 가는 혜어스타일로 말하자면, 뭐니 뭐니 해도 레게 뮤지션 등에서 볼 수 있는 드레드혜어일 것이다. 긴 머리카락을 몇 가닥 묶어서, 각각을 로프처럼 땋아 가기 때문이다.

하지만 일본에도 상당히 손이 많이 가는 머리 형태가 유행했었다. 바로 상투머리이다. 일찍이 일본의 사무라이는 칼을 허리에 차고, 머리에는 상투를 틀었다. 상투란 머리카락을 이마에서 정수리까지 밀고, 뒷머리와 옆머리만 기른다. 그리고 긴 머리카락을 하나로 묶어서 정수리에 상투로 틀어올린 머리 모양이다.

무사가 상투를 튼 이유는 싸울 때 머리를 지키는 투구에 있다. 철로 된 모자인 투구는 장시간 착용하고 있으면 더워진다. 그 때문에 투구를 쓸 때는 정수리를 밀었다. 그리고 남은 뒷머리를 묶은 것이 시작이라고 한다.

이 상투는 내버려 두면 정수리에 머리카락이 자라기 때문에, 빈번하게 면도칼로 밀어야만 한다. 상투를 트는 것도 형태를 정돈하는 것도 혼자서 하기는 어렵다. 그래서 '가미유이髮結い(머리를 손질해서 묶는 짓)[7]'라는 직업이 번성했다고 한다.

또한 상투는 무사만의 머리 모양은 아니었다. 일반 남성들도 상투를 틀었다. 단 상투에는 다양한 변화가 있어서, 신분이나 직업 또한 그 시대의 유행에 따라 형태가 달랐다.

또한 일본 여성 머리 모양도 남성에게 지지 않을 정도로 복잡했다. 지금도 일본 전통 결혼식을 하면, 신부는 머리 위에 들어올려 묶은 머리에 장신구를 만드는 '분킨다카시마다文金高島田(일본 여성의 전통 머리 모양)'라는 머리 형태를 한다. 지금 결혼식에서는 가발을 사용하는 것이 일반적인데, 에도 시대에는 자신의 머리카락으로 그와 같은 머리 모양을 만들었던 것이다.

74. 옛날 여성이 일부러 이를 검게 물들였던 이유는?

말할 필요도 없지만 '미인' '귀엽다'의 기준은 시대에 따라 다르다. 예를 들어 에도 시대의 '미인화'를 보고 '어디가 미인인 거지'라고 생각하는 사람도 있을 것이다. 하물며 까맣게 칠한 이를 보고, 기이하게 눈에 비치는 것은 어쩔 수 없을지도 모른다.

이처럼 이를 검게 물들이는 관습은 '오하구로お歯黒'라고 불렸는데, 메이지 초기까지 이어졌다. 오하구로라면 여성 한정이라고 생각하기 쉽지만, 여상만의 관습

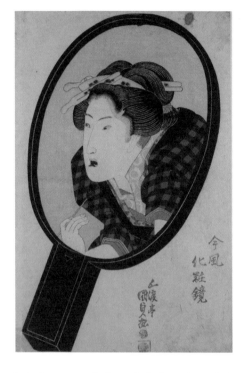

이 된 것은 에도 시대부터이다. 그 이전에는 일부 남성들 사이에도 이를 검게 칠하는 관습이 있었다.

이 오하구로는 다른 이름으로 '가네鉄漿' '쓰케가네つけがね' '하구로歯黒' '뎃시・넷시涅歯'라고도 불렀던 화장품의 한 종류인데, 그 기원은 확실하지 않다. 일본에서 예로부터 내려오는 풍습이라고 하는 설과, 바다를 건너와 전해진 것

이라는 설이 있는데, '겐지모노가타리'나 '무라사키 시키부 일기'에 오하구로에 관한 기술이 있는 것으로 보아, 헤이안 시대의 귀족계급으로 퍼져있던 것을 알 수 있다.

헤이안 말기가 되자 귀족 남성이나 무사들에게도 퍼져, 성인의 증거로서 검게 물들이게 되었다. 그 후, 시대가 흐름에 따라 물들이는 시기도 빨라졌고, 전국 시대가 되자 무사들의 딸은 정략결혼에 대비하여 8살 무렵부터 물들였다고 한다.

이윽고 에도 시대가 되자 서민들에게도 확산되었는데, 주로 기혼여성이 화장으로서 오하구로를 하였다. 하지만 1870년(메이지 3년)에 정부로부터 오하구로 금지령이 내려져 서서히 쇠퇴해갔다.

이처럼 오랫동안 관습으로서 실행되었던 오하구로의 의의에 대해서는 다양한 설이 있는데, 다른 색으로 물들여지지 않는 '검은색'을 칠하는 것으로 남편에 대한 정조를 나타냈다는 설이 일반적이다.

또한 오하구로의 염료는 '가네미즈鉄漿水'라고 불리는 다갈색의 액체로, 이것에 타닌을 섞어 산화시키면 검은색이 된다. 그것을 이에 물들이면 철로 뒤덮이기 때문에 충치예방이 되는 것이다.

오하구로에는 정절을 나타내는 상징적인 의의와, 충치예방이라는 실용적인 의의가 있었다.

75. 신사와 절에서 참배하는 방식이 다른 것은 왜?

일찍이 일본 가정집에는 당연히 신단과 불단이 있었다. 매일 아침 밥을 먹기 전에 신단과 불단 앞에서, 합장 배례하는 것은 생활의 일부이기도 했다. 그런데 요즘에는 신단이나 불단을 놓는 가정은 별로 없다. 신이나 부처에게 배례하는 것도, 하쓰모데初詣[8]때에 신사에 가고, 오봉お盆[9]에 절에 갈 때 정도이다. 일본인 중에는 참배의 예법을 모르는 사람이 늘어나고 있다.

신사와 절에서는 참배하는 방법이 다른데, 그것은 종교가 다르기 때문이다. 신사는 일본 고래古來 신을 모시고 있다. 일본에는 '모든 신八百万の神'이 있다고 하는데, 전국 각지에 수많은 신을 모시고 있다. 그 정점에 위치하는 것이 태양신 아마테라스 오미카미天照大御神라고 한다.

한편 절은 불교이다. 인도에서 생긴 종교로 중국, 한반도를 건너 일본으로 전해졌다고 한다. 일본으로 전해오는 과정에서 인도 본래의 불교와는 다른 면에서 발전을 해 왔는데, 신앙 대상은 부처님, 즉 석가모니의 가르침이다.

그런데 각각의 참배 예법은 어떻게 다를까? 큰 차이로 신사에서는 손뼉을 '짝짝' 치지만, 절에서는 손뼉을 치지 않는 것이다. 손뼉을 치는 것을 '손뼉을 두드리다拍手を打つ'라고 하는데, 이에도 의미가 있다. 신사에 참배하러 갈 때는, 먼저 데미즈야手水舍[10]의 히샤쿠ヒシャク[11]로 손을 씻고 입을 헹군다. 이것은 신 앞에 서기 전에 몸과 마음을 깨끗하게 하는 의미를 갖는다.

다음으로 하이덴拜殿[12] 앞으로 가서, 종을 울린다. 다음으로 손뼉을 두드린다. 기본적으로는 '2례 2박수 1례二礼二拍手一礼'로, 두 번 절을 한 후에, 두 번 손뼉을 치고 마지막으로 한 번 더 절을 한다. 종을 울리고 손뼉을 치고 머리를 숙이는 일련의 동작 속에서, 신에 대하여 참배하러 온 것을 전달하고, 신의 은총을 부탁하고, 마지막으로 신에 대한 감사를 나타내는 것이다.

절에서도 데미즈야에서 몸을 깨끗하게 하고, 방울 또는 종을 울리기까지는 신사와 동일하다. 그 후에 양손을 모아 기도한다. 손을 마주치지 않는다. 그리고 양초와 선향에 불을 붙여 바치는 것이 일반적이다.

신사에서 손뼉을 치고, 절에서는 양손을 합장하여 비는 것이라고 기억해두면 된다. 이것만 틀리지 않으면, 다소 예법을 틀려도 신이나 부처가 화내지는 않을 것이다.

76. 황실에 성씨가 없는 이유, 알고 있습니까?

皇室に名字がない理由、知っていますか？

　편지나 엽서를 보낼 때 '주소와 씨명氏名을 쓰세요'라고는 하지만, '주소와 성명姓名을 쓰세요'라고는 거의 말하지 않는다. 부부인데 각각의 성씨를 쓰는 것을 '부부별성夫婦別姓'이라고 하는데 '부부별씨夫婦別氏'라고는 하지 않는다. 씨명이나 성명, 게다가 성씨, 이것들은 무엇이 다른 것일까?

　씨명의 '씨氏'는 '우지ぅじ'라고 읽으며, 원래는 혈육을 나타내는 것이었다. 후지와라藤原, 미나모토源, 다이라平, 다치바나橘 등이 그 예이다. 후지와라씨는 다이카의 개신大火の改新(645년)[13]의 공로자인 나카토미노 가마타리中臣鎌足가 당시 천황으로부터 후지와라의 씨를 받은 것에서 시작되었다. '씨'란 원래 천황으로부터 하사 받을 수 있는 것이었다.

'성姓'도 천황으로부터 하사 받는 것으로, 가문의 격을 나타내는 것이다. 성이라고 쓰고 '가바네かばね'라고 읽는다. 덴무천황天武天皇이 제정한 '야쿠사노 가바네八色の姓'[14]가 이것에 해당하며, 아손朝臣, 스쿠네宿禰 등이 있다.

천황으로부터 하사 받는 씨氏나 성姓에 반해서, 성씨名字는 출신지 등을 근거로, 자신의 집에 대하여 붙인 호칭이다. 다나카田中, 스즈키鈴木, 야마다山田 등 일본인에게 많은 성씨를 떠올리면 감이 올 것이다. 천황으로부터 하사 받은 씨나 성과, 자신이 붙인 성씨는 오래 전에는 엄밀하게 구별되어, 공식적인 장소에서는 '씨+성+성씨'으로 불렸다고 한다. 즉 천황에게 하사 받은 씨나 성은 공식적이고, 자신이 붙인 성씨는 사적인 것이었다.

예를 들어 도쿠가와 이에야스德川家康는 공식 문서에서는 씨가 '미나모토源', 성이 '아손朝臣', 이름이 '이에야스家康', 즉 '미나모토아손이에야스源朝臣家康'였다. '도쿠가와德川'라는 성씨는 사적인 것으로, 공적인 자리에서는 사용하는 일은 없었다고 한다. 또 이름에는 통칭도 있어서, 그것이 '지로사부로次郎三郎'였다. 일상적으로는 '도쿠가와지로사부로德川次郎三郎'라고 불렸다고 한다.

그렇다면, 여기에서 천황과 황족의 성씨를 생각해보자. 대답은 '성씨는 없다'이다. 씨도 성도 천황이 하사하는 것이고, 성씨는 자기 집에 대하여 붙인 것으로 천황이 자신에게 씨나 성을 주는 일도 없으며, 자신의 집에 대하여 성씨를 붙이는 일도 하지 않았다. 그래서 지금의 천황에게도 성씨에 해당하는 것이 없는 것이다.

77. 히미코는 어떻게 외국인과 커뮤니케이션을 했을까?

일본을 방문하는 외국인의 수는 연간 약 1800만 명이다. 국제화라는 단어를 들은 지도 오래되었는데, 지금은 일본 여기 저기에서 일본어 이외의 언어가 난무하는 광경도 희귀하지 않게 되었다.

이런 해외 사람들과의 교류는 지금에서야 시작된 것은 아니다. 일본에서는 아득한 옛날인 238년(239년이라는 설도 있음), 야마타이코쿠邪馬台国[15]의 여왕 히미코卑弥呼가 당시의 중국의 위나라에 사신을 보내, 황제로부터 '친위왜왕親魏倭王', 즉 왜나라(당시 일본)의 왕으로 인정받았다는 것이다.

이미 약 1800년 전부터 해외 사람들과의 교류가 있었던 것인데, 당시 의사소통은 어떻게 했을까? 미리 위나라의 말을, 지금으로 치면 중국어를 공부하고 갔던 것일까? 아무래도 그렇지는 않을 것 같다. 우수한 통역가가 있었다.

히미코 시대보다도 이전인 1, 2세기에도 중국 왕조와 교류가 있었던 것을 생각하면, 당시 중국어를 이해할 수 있는 통역가가 이미 야마타이코쿠에 존재해도 이상하지 않다. 일본어를 위나라의 언어로 통역하는 것이 아니라, 당시 조선반도에서 쓰던 말을 매개어로 했을 가능성도 있다.

히미코와 위나라의 교류에 대하여 기록되어 있는 '위지왜인전魏志倭人伝'에서는, 왜나라 사람에 대하여 '今使譯所通三十國(현재 사역이 통하는 곳은 30국이 있다)'라는 기술이 있다. 하지만 이 '사역使訳'이 사자使者와 통역을 의미하는지는 확실하지 않다.

덧붙여 히미코부터 시대가 내려오는 약 600년이다. 천태종의 창시자 사이초_{最澄}는 804년에 견당사_{遣唐使}[16]의 배로 중국을 향해 출발했는데, 이때 통역가로서 제자인 기신_{義真}을 데리고 갔다.

진언종_{真言宗}[17]을 창설한 구카이_{空海}도, 사이초와 마찬가지로 804년에 견당사의 배를 타고 중국으로 건너갔는데, 구카이는 통역가에게 의지하지 않았다. 유학승으로 뽑혔을 때를 위해 미리 중국에서 온 승려에게 당나라의 말을 학습했다고 한다. 당나라에서 통역에 의지해서는 확실한 배움을 얻을 수 없다고 생각했다고 한다.

불교나 어학뿐 아니라, 토목 기술이나 약학 등 다양한 분야를 배우고 열심히 공부를 한 구카이다운 에피소드이다.

'姫星''希空''緑輝'… 이 한자들, 읽을 줄 아는가? 이 한자들은 모두 사람의 이름으로, 지금 유행하는 이색적인 이름이다. 각각 '키티きてぃ''노아のぁ''사파이아さふぁぃぁ'라고 읽는다.

이렇게 만화나 애니메이션의 캐릭터, 외국인 같은 이름에 억지로 한자를 끼워 맞춰 읽게 하는 셈인데, 이것이 스모 쪽에도 파급되고 있는 것 같다. '우루토라 다로宇瑠虎太'나 '아쿠아 쇼마天空海翔馬' 등 유니크한 시코나의 씨름꾼이 등장했다고 신문에서 보도되어 화제가 되었다.

그런데 이런 '시코나'의 유래는 무엇일까? 원래 씨름꾼은 본명이나 통칭과 같은 닉네임으로 스모를 하고 있었다. 그런데 에도 시대에 곳곳을 다니며 스모가 열리게 되면서 '시코나'가 사용되었다.

이 시코나를 한자로 쓰면 일반적으로는 '四股名(사고명)'인데, 원래는 '醜名(추명)'이였다. 이 한자를 '추한 이름의 의미醜い名前の意味'로 생각한다면 큰 실수

이다. 醜라는 한자에는 '추하다'는 의미뿐만 아니라 '용감하다'나 '강하다'라는 의미도 있다. 강하고 용감한 남성을 '시코오醜男'라고 하는데, 이와 같은 사용 방법이라고 생각해도 좋다.

사실 씨름꾼의 기본동작의 하나인 '시코'도, 발을 들었다가 땅을 밟는 그 일련의 동작을 '시코아시醜足'라고 부른 것에서 유래한다. '四股'는 끼워 맞춘 글자인데, 언제부터인가 四股가 사용되어, 그것과 함께 醜名도 四股名로 바뀌어 갔다.

또한, 시코나는 '슈메이しゅうめい'라고 읽으면 좋지 않은 소문, 추문과 같은 의미가 되어 버리기 때문에 사용하지 않게 되었다는 설도 있다.

그런데 시코나는 모든 씨름꾼에게 붙여진 줄 알았는데, 사실은 그렇지 않다. 마쿠우치幕內[18]씨름꾼이 되어 활약해도 본명을 그대로 쓰는 씨름꾼도 있다. 또한 시코나를 언제 붙이는지도, 어느 도장에서는 서2단(序二段)[19]에서 3단째로 올라가면 시코나를 받을 수 있기도 하고, 일본스모협회의 심사에 합격한 씨름꾼 지망생이 검사에 합격하여 도장이 정해지면 바로 시코나가 붙기도 하는데, 도장에 따라서 제각각이다.

79. 스모 경기장이 완전한 원이 아닌 깊은 이유는?

相撲の土俵が完全な円でない深~い理由って？

　일본에서 가장 오래된 스모는 지금으로부터 2000여 년 전인 기원전 23년, 스이닌천황垂仁天皇[20]의 앞에서 노미노 스쿠네野見宿禰와 다기마노 구에하야当麻 蹴速에 의해 행해졌다고 한다. 일본서기에서는, 신화가 아닌 사람과 사람 사이의 스모가 기원이라고 되어 있다.

　양자는 서로 걷어찼는데, 마지막에는 노미노 스쿠네가 다기마노 구에하야의 늑골과 허리뼈를 밟아 바스러뜨려서 죽였다고 한다. 정말이지 무서운 결정적인 수인데, 현재 스모에서는, 상대방의 가슴이나 배를 차는 기술은 금지되었다.

　일본스모협회가 결정한 스모의 기술(결정적인 수)은 '상대 샅바를 잡아들어서

밖으로 밀어내기(요리키리寄り切り)'나 '상대방을 밀어서 밖으로 내보내기(오시다시押し出し)' 등 82가지 기술이 있는데, 그 이외에도 '이사미아시勇み足'나 '쓰키테っき手' 등 '비기非技(승부 결과勝負結果)'라고 불리는 것이 5가지 있다. 이 중, 가장 많은 결정적인 수가 요리키리와 오시다시로, 이 두 가지로 승부의 반이 결정된다고 한다.

그렇다면 이 요리키리와 오시다시도 상대의 신체를 경기장 밖으로 내보내 승부가 결정 나는 것인데, 이 경기장을 잘 보면 동서남북 4군데만 씨름판의 일부분이 바깥쪽으로 나와있다. 이것들 4개를 '도쿠다와라德俵'라고 부른다. 몸이 밖으로 나갈 것 같은 씨름선수라도 이 부분을 잘 사용하면 발을 안쪽에 둘 수 있다. 즉 '득을 보다トクをする'로부터 이 이름이 붙여졌다는 설이 있다.

하지만 도쿠다와라가 놓여진 본래 의미는 밀리고 있는 씨름꾼을 일부러 도와주기 위함이 아니다. 어떤 의미가 있어서, 일부가 바깥쪽으로 되어 있을까? 이유는 '배수' 상태를 좋게 하기 위해서이다. 그 옛날, 스모는 야외에 씨름경기장을 만들어 행해졌다. 그 때문에 비가 내리면 경기장 안에 물이 고여버린다. 그 물이 경기장 밖으로 흘러갈 수 있도록, 동서남북에 배수구를 마련한 것이다. 그것이 도쿠다와라의 유래이다.

현재 스모는 연 6회의 정식 시합 외에 지방 순회경기도 있는데, 그 대부분이 다목적 시설이나 체육관 등 실내에 경기장을 만들어 진행하고 있다. 그 때문에 지금은 경기장이 비에 젖는 일이 없어, 도쿠다와라가 고인 빗물을 내보내는 본래의 역할을 다하는 일도 없어졌다.

80. 세계에서 가장 오래된 장편 SF소설은 일본에서 나왔다는 데 정말일까?

SF의 원조라면 '해저 2만리' '달나라 여행'을 쓴 쥘 베른(1828년생)이나 '타임머신' '우주전쟁'을 쓴 하버트 조지 웰스(1866년생)를 들 수 있다. 달이나 해저, 우주, 그리고 시간을 초월한 미래를 무대로 다양한 이야기를 만들어 냈다.

SF는 공상과학소설이라고 부른다. 이 장르의 소설이나 이야기는 일본인의 섬세한 문학적 감성과는 맞지 않다고 생각하는 사람도 있을지 모른다. 그런데 일본에서도 아주 먼 옛날 장대한 SF 이야기가 만들어 졌다. '다케토리모노가타리竹取物語'[21]가 바로 그것이다. 일본인이라면 누구나가 아는 '가구야히메かぐや姫' 이야기로, 성립 연도와 작자도 불명한 것이 불가사의하다. 헤이안 시대 초기부터 10세기경에 만들어졌을 것이라고 한다.

'다케토리모노가타리'가 SF소설로서 독특한 점은 매우 리얼하다는 점이다. 가구야히메는 다섯 명의 귀족으로부터 구혼을 받지만, 이것을 거절하고 천황의 부름에도 응하지 않고 8월 보름달이 뜬 밤에 '월궁月の都'으로 돌아가 버린다. 이 다섯 명의 귀족은 672년 진신의 난壬申の乱[22]에 관여한 귀족들이 모델이 되고, 세 명은 거의 실제의 이름으로 등장하고 있다.

이야기의 라스트신은, 가구야히메가 남긴 불사의 약을 후지산에서 불태우는 장면이다. 불사의 약을 태운 연기는 영원히 피어 오르는데, 당시 후지산은 활화산이었다.

게다가 주인공인 가구야히메라는 이름을 가진 여성도 일본서기, 고사기에 등장하는 야마토 다케루日本武尊[23]의 조부인 스이닌천황垂仁天皇의 황후가 '가구야히메迦具夜比売'이다. 지금은 동화이지만, 이야기가 만들어진 당시 사람들은 리얼리즘과 공상적인 세계가 훌륭하게 짜인 세계처럼 받아들였을 것이다.

또 하나 '다케토리모노가타리'보다 더 오래된 SF가 일본에 있는데, 타임슬립 이야기의 원조라고 할 수 있는 '우라시마타로浦島太郎'[24]이다. 이 이야기는 일본서기나 단고국 풍토기丹後国風土記에 기록되어 있다.

이처럼 일본인은 사실 고대부터 훌륭한 SF를 창작해 왔다. 그 감성이 맥맥이 이어져, 데즈카 오사무手塚治虫나 마쓰모토 레이지松本零士 등 세계적인 만화가를 배출한 것일지도 모른다.

81. 절인데 '고야산' '산젠인'처럼 '산'이나 '인'으로 부르는 것은 왜?

寺なのに「高野山」「三千院」など「山」や「院」で呼ぶのはなぜ?

인도에서 생긴 불교는 각국으로 전파되어, 각각의 나라에서 신앙이나 문화의 영향을 받으면서 받아들여졌다. 일본의 산악 불교도 그 중 하나이다. 이것은 일본에 원래 존재하던 산악신앙과 불교가 융합된 모습이라고 생각할 수 있다.

산악불교의 수행 승려는 수행자修験者나 야마부시山伏라고 불렸는데, 이야기 세계에서는 초능력을 발휘하는 수행 승려로서 그려지는 일도 많다. 식사를 끊을 정도의 엄격한 수행의 결과, 스스로의 의지로 미라화하여 즉신성불即身仏 [25]이 되는 승려도 있었다. 역사에 남는 마지막 즉신성불은, 1903년 붓카이쇼

닌仏海上人이다. 약 100여 년 전까지, 즉신성불 수행을 실천하고 있었다니 놀라울 뿐이다.

불교가 산악신앙의 영향을 받은 것은 절의 이름을 봐도 알 수 있다. 헤이안 시대에 사이초最澄[26]가 세운 '히에이잔 엔랴쿠지比叡山延暦寺', 구카이空海[27]가 세운 '고야산 곤고부지高野山金剛峰寺'등이다. 이들은 산속에서 수행을 하기 위한 절을 만든 것에서 유래한다고 한다.

원래 중국에서 절의 소재지를 나타내는데 그 절이 있는 산의 이름을 사용하고 있었다. 그 때문에 산 속에 세운 절은 '○○산'라고 부르게 되었다. 헤이안 시대 이전의 일본 절은 평지에 세우는 일이 많았기 때문에 '○○산'이라고는 붙일 수 없었다.

그런데 절 이름에서 한가지 더, '○○인院'이 있다. 호넨法然[28]이 만든 정토종浄土宗[29]의 총본산総本山은, '가쵸잔치온쿄인오타니데라華頂山知恩教院大谷寺'라고 한다. 여기에 나오는 '인院'은 승려가 사는 시설의 이름이다.

산山, 인院, 데라寺, 이들의 어떤 관계일까? 정답은 간단하다. 절의 이름에는 '산호山号' '원호院号' '사호寺号' 세 종류가 있는 것이다. '사호'만을 갖는 경우도 있으며, '산호+사호', '산호+원호+사호'처럼 세 가지 세트도 있다.

여러 가지 패턴이 있는데, 그것은 절의 유래나 종파 등에 따른다. 자주 '○○사보다 ○○인이 격식이 높다'라던가 '○○산이라고 붙어 있는 것이 유서 깊다' 고하는 것 같은데, 그렇지는 않다.

호칭이나 상품 명에서 'ㅇㅇ산山' 이나 '쓰루鶴ㅇ', 'ㅇㅇ키쿠菊'라고 하면? 감이 오는 것은 스모선수의 시코나シコ名일지

도 모르지만, 일본술의 상표도 이런 한자가 사용되는 일이 많다.

일본술은 따뜻하게 해도 차갑게 해도 맛있는, 세계에서도 드문 술이다. 옛날에는 3월 복숭아 계절부터 9월 국화의 계절인 중양重陽의 계절까지는 차갑게 마시고, 그 이외의 추운 계절에는 따뜻하게 마신다고들 한다. 그런 일본술은 지금은 국내뿐만 아니라 'SAKE' 의 명칭으로 해외에서도 친숙하다.

현재 일본에는 1만을 넘는 일본술의 품목이 판매되고 있는데, 그중에서도 많은 것이 '정종' 의 명칭을 사용한 상표이다. 전국 각자의 주조 제조사에서 '정종' 이 사용된 상표가 판매되고 있는데, 그것은 왜일까?

정종의 원조는 나다노야마무라灘の山邑주조라는 양조원蔵元의 '사쿠라 정종桜正宗' 이다. 에도 시대 말기, 야마무라 주조의 6대째 야마무라 다자에몬山邑太左衛門은 새로운 술의 이름을 어떻게 할지 고민하고 있었다. 그때 교토의 주지

를 방문한 그는, 책상 위에 '린자이쇼슈臨済正宗'라고 쓰여있는 경전을 발견하고 번뜩였다고 한다. '정종'은 '세이슈우セイシュウ'라고 읽고, 청주清酒의 '세이슈セイシュ'와도  비슷하기 때문에, 상표로 딱이라고 생각한 것이다.

정종은 그 후 에도에서 인기를 누렸고, 서민들에게도 인기있는 술이 되었다. 그러자 정종 인기에 덕을 보려는 양조원이 전국 각지에 나타나, 결국 정종은 청주의 대명사가 되었던 것이다.

메이지 시대가 되고, 상표 조례가 제정되었을 때, 야마무라 주조는 '정종'을 상표등록 하려고 했는데, 당시 이미 청주의 대명사로서 정착되어 있었기에 인정받지 못했다고 한다. 그 때문에 야마무라 주조는 일본의 꽃으로 친숙한 '사쿠라'를 붙여서 '사쿠라 정종'이라고 이름을 붙였다고 한다.

그런데 일본술에는 이색적인 이름도 많다. 최근 세계적으로 대인기를 끌고 있는 '닷사이獺祭'도, 의미는 글자 그대로 '수달의 축제'이고, '俺の出番(내 차례)' '稼ぎ頭(가장 잘 팔리는 상품)'와 같은 이름도 있다. 유래를 상상하면서 마셔보는 것도 즐거운 일이 아닐까?

일본을 영어로는 '저팬'이라고 부른다. 독일어로는 '야팡', 스페인어로는 '하퐁', 이탈리아어로는 '쟈포네'이다.

이런 호칭은 원나라 시대의 중국에 체재한 이탈리아인 마르코 폴로가 기록한 '동방견문록'이 토대가 되었다. 그 책 안에서 일본을 '황금의 나라 저팬'이라고 소개하고 있기 때문이다. 그것이 유럽 각지로 펴져, '저팬'이나 '야팡' '하퐁'이라고 불리게 되었다.

이와 마찬가지 일이, 일본인이 사용하는 세계 각지 국명에도 있다. 예를 들어 '영국'이다. 정식 국명을 일본어로 나타내면 '그레이트 브리튼 및 북부 아일랜드 연합왕국'이다. 영어로 표기하면 'United Kingdom of Great Britain and Northern Ireland'인데, 아무리 잘못 들어도 '이기리스'로는 들리지 않는다. '잉글랜드' '웨일스' '스코틀랜드' '북아일랜드'가 연합한 나라이기 때문에, 이 중 '잉글랜드가 변화하여 이기리스(Inglez)가 되었다'라는 사람도 있는데, 물론 그렇지 않다.

그렇다면 왜 '이기리스'일까? 그것은 포르투갈어에서 유래한다고 한다. 일본에 총이 전래된 1543년 이후, 일본에는 포르투갈인 선교사가 방문하게 되었고, 동시에 유럽 정보도 들어오게 되었다. 포르투갈인이 발음하는 '엥글레스'에서 '이기리스'라는 호칭으로 정착하게 되었다고 한다. 사실 '네덜란드オランダ (오란다)'도 포르투갈어의 '홀란드ホランダ (호란다)'에서 왔다.

또한 포르투갈어를 기원으로 하는 말은 이것 외에도 있다. 예를 들어 '카스테라ヵステラ' '브랑코ブランコ(그네)' '보탄ボタン(단추)' '타바코タバコ(담배)' '덴푸라天ぷら(튀김)' 등이다. 모두 원래는 포르투갈어이다. 참고로 아이들을 업는 것을 '온부ぉんぶ(어부바)'라고 하는데, 이것은 포르투갈어의 '어깨'에 유래한다는 설도 있다.

신사 神社

제7장
일본인은 왜 전철에서도 가게에서도 줄을 잘 서는 것일까?
― 세계로 넓히고 싶은 일본인의 풍습 17개의 진실

일본의 변신 영웅이라고 하면, 가면라이더나 전대戰隊영웅이 유명하다. 변신하여 초인적인 힘을 손에 넣고, 악과 싸우는 영웅들이다. 그 큰 특징은 적을 무찌르는 큰 기술을 보일 때, 그 기술 이름을 큰 목소리로 선언하는 것이다. 가면라이더의 '라이더 킥'이 그것이다. 또 다른 하나의 특징은 얼굴 전체를 덮는 마스크로 정체를 숨기고 있는 것이다.

한편 미국 영웅인 슈퍼맨이나 배트맨 등은 필살기必殺技[1]를 소리치는 일은 없다. 얼굴을 가린다고 해도 눈 주변뿐이다. 입 주변은 가리지 않는다. 서양 문화에서는 입을 가리지 않고 당당하게 자신의 의견을 말하는 인물이야 말로, 영웅으로서 신용할 수 있다는 것일까?

그런데 입을 가리는 것은 변신하는 히어로에 국한된 이야기는 아니다. 영웅으로 변신하지 못하는 일본의 일반인도, 감기에 걸린 것도 아닌데 마스크로 입 주변을 가리는 사람이 많다. 일본을 방문한 외국인들이 매우 신기해 한다고 한다.

마스크의 역할은 원래 감기 등을 타인에게 옮기지 않도록 하는 것이다. 그래서 해외에서는 마스크를 하고 있으면 '아프다'고 간주되는 일이 많다.

한편 일본에서는 감기에 걸리지 않아도 마스크를 하고 있다. 여기에는 몇 가지 이유가 있다. 인플루엔자나 감기가 유행하는 시기에 외출했다가, 다른 사람으로부터 질병을 옮지 않기 위해서라는 이유이다. '타인에게 옮기지 않는 것'이 아니라, '타인으로부터 옮지 않도록' 예방의 의미를 생각하는 것이다. 꽃가루 알레르기가 있는 사람이 증상을 억누르기 위해 마스크를 하고 있는 일도 많다.

또한 질병이나 꽃가루 알레르기 등과 관계없이 마스크를 하는 사람도 있다. 이것은 '표정을 숨기고 싶다' '타인의 시선이 신경 쓰인다' '노 메이크업을 숨기고 싶다' 등의 이유가 있다. '패션 마스크'이다. 마스크를 한 사람의 30%가 패션 마스크였다고 한다. 일본에서는 마스크를 했다고 해서 아픈 사람이라고 단정해서는 안 된다.

일본어와 영어로는 어떻게 대답할까? ⑤

'왜 일본인은 모두 마스크를 하는 거야?' 라고 물으면…

Just because people
wear masks doesn't mean
they are sick.
Most wear them to avoid
getting germs from others.
マスクをしている人がみんな病気ってわけじゃない。
うつされないためという理由の人も多いんです

マス크를 하고 있는 모두가 아픈 건 아니야.
옮지 않기 위해서라는 이유의
사람도 많아요.

85. 장례식은 절, 하쓰모데는 신사, 크리스마스까지 …
왜 일본인은 종교를 신경 쓰지 않을까?

葬式は寺で初詣は神社、クリスマスも…なぜ日本人は宗教を気にしない?

　결혼식은 교회에서 하고, 아이가 태어나면 신사에 참배하러 간다. 그리고 죽으면 절에서 장례식을 한다.

　외국인이 이 이야기를 들으면, 일본인들은 어떤 종교를 믿을까? 라며 의아하게 생각할지 모른다. 하지만 일본인에게는 당연한 일이다. 왜일까?

　일본인은 옛날부터 외국문화를 받아들여, 각색하는 것이 뛰어났다. 종교행사도 그것과 같다고 생각해도 좋을 것이다.

한 예로, 크리스마스이다. 기독교인이 아닌 사람도 케이크를 사고, 트리를 장식하고, 선물을 교환한다. 서양 관습을 따라 하는 것이라고 생각하기 쉽지만, 생크림과 딸기로 장식된 크리스마스 케이크나 치킨을 먹는 것이 정석인 것은 일본뿐이라고 한다. 12월 25일이 아닌, 24일 크리스마스 이브가 '본방'으로 고조되는 것도 일본 특유의 문화이다. 연인과 데이트를 하는 날이라고 생각하는 경향도 많을지 모르지만, 서양에서는 주로 가족과 함께 보낸다.

이처럼 본래는 종교행사라도 일본식으로 각색되어 가는 과정에서 종교적인 색이 점점 없어져, 종교와는 관계가 없는 행사로서 독자의 진화를 이룩한 예는 많다. 발렌타인데이에 초콜릿을 주는 관습도, 핼러윈(Halloween) 축제의 변장도 마찬가지이다. 상업주의라고 비판 받는 경우도 있지만, 종교나 다른 나라의 문화에 관용적인 국민성이라고 생각할 수도 있다.

또 원래 일본인이 종교를 '신경 쓰지 않는' 점도 있을 것이다. 일본은 불교 나라라고 하는데, 원래 일본인은 옛날부터 절과 신사를 혼동하여 생각해버리는 경향이 있었다. 절분(입춘 전날)에 콩을 뿌리는 행사는 절에서도 신사에서도 하고, 하쓰모데初詣[2]도 나리타산신쇼지成田山新勝寺나 가와사키다이시川崎大師 등이 매년 많은 참배객을 모으고 있다. 신사로만 참배하러 가는 것은 아니다. 콩을 뿌려 재앙을 물리치거나 신년 초에 희망이나 꿈이 이루어지도록 참배하는 이런 행위, 즉 '행사를 즐기는 것'이 중요하지, 종교가 중요한 것은 아닌 것 같다.

86. 일본인 중에는 왜 근심스러운 사람이 많을까?

일본에서 생활하는 외국인이 주차장에 써있는 '前向き(정면으로 향함)'라는 표지판을 보고, 바로 정면주차라는 것을 알아채지 못했다고 한다. 물론 차를 세우는 사람을 격려하고 있는 것은 아니겠지만……

그렇지만 격려하고 싶을 정도로 일본인의 대부분이 고민이나 불안감을 안고 있을지도 모른다. 실제로 미국의 어느 광고대리점의 조사에 따르면, '무언가 걱정거리가 있으세요?'라는 질문에 일본인 약 90%가 '네'라고 대답했다고 한다. 미국의 약 70%, 프랑스의 약 40%, 중국의 약 30%와 비교해보아도 상당히 높았다고 한다.

일본인은 사소한 일에도 걱정하는 성질일까? 이에 대해서는 과학적인 근거도 있는 것 같다. 일본인의 대부분이 '불안 유전자', 즉 '불안을 느끼기 쉬운' 유전자를 가지고 있다고 한다.

뇌 안의 신경전달물질 중 하나로 세로토닌(serotonin)이 있는데, 이것이 적어지면 불안을 느끼거나, 우울증에 걸릴 우려가 있다는 것은 다양한 연구를 통해 밝혀졌다. 이 세로토닌의 양을 조절하고 있는 유전자에는 'S형'과 'L형' 두 종류가 있다. S형을 가지고 있으면 세로토닌이 적어지고, 쉽게 불안을 느낀다고 한다.

한 연구에 따르면, 일본인의 90% 이상이 이 S형을 가지고 있다고 한다. 요컨대 대부분의 일본인은 '쉽게 불안을 느끼는' 경향이 있다는 것이다. 참고로 미국인은 60~70%라고 한다.

　일본인이 직설적인 감정표현을 잘 못하고, 집단행동을 좋아하는 것도 이 불안유전자 때문일지도 모른다. 자기주장을 해서 '남들이 싫어하면 어쩌지'라는 생각을 지나치게 하는 것이다. 단, 불안을 느끼기 쉬운 사람은 걱정쟁이라서 사고를 잘 당하지 않고, 집중력이나 기억력이 뛰어나다는 연구도 있다.

87. '당신' '자네' 게다가 '자기' …
상대방을 부르는 방법이 상당히 많은 이유는?

(일본에서는) 아이와 함께 있는 여성이 남편을 '오토상お父さん(아버지)'이라고 부르는 것은 자주 보는 광경이다. 물론 그 여성과 오토상이라고 불린 남성은 부부이지, 부녀 관계는 아니다. 그 외에도 작은 남자 아이에게 '보쿠ボク, 몇 살?'이라고 말을 걸기도 한다. 보쿠란 원래는 남자가 자신을 뜻하는 말이지만, 이 대화에서는 눈 앞에 있는 작은 남자 아이를 뜻한다.

왜 일본어에서는 상대를 부르는 호칭이 이렇게 장면에 따라 바뀌는 것일까? 일본인이 아닌 사람은 매우 이해하기 힘들다.

이유 중 하나는, 일본에서는 '아이가 있는 집단 안에서는 가장 연령이 어린 사람의 시선'으로 호칭을 결정한다라는 암묵적인 룰이 있다는 것이다. 아이 시선에 서면 남편은 '오토상'이고, 자신은 '보쿠'이다.

또 일본어에서 상대를 가리키는 말에는 '아나타あなた' '기미君' '기사마貴様' '오마お前' '데메てめぇ' 등이 있는데, 이 중 '오마에'와 '데메'는 원래 자신을 지칭하는 말이었다. '오마에'는 '御前', 즉 '당신 앞에 기다리는 나'의 의미이고, '데메'는 한자로 쓰면 '手前'이다. 고풍적인 말투이기는 하지만, 지금도 자신을 의미하는 단어로도 사용되고 있다.

원래 자신을 나타내는 말이, 상대를 의미하는 말로 사용되게 되는 등, 원래 일본어에서는 자신과 상대방을 지칭하는 말의 구별이 애매하다. 지금도 관서

지방에서는 '지분自分'이라는 말이 문자대로 자신을 나타내기도 하고, 대화 속에서는 상대방을 나타내는 경우도 있다.

그 외에도 일본어에서는 눈 앞에 있는 사람을 '아나타あなた' 등 2인칭대명사로 부르는 것은 실례되는 일이라고 여겨지는 경위도 있는 것 같다.

지금도 회사 상사를 '아나타'라고 부르면 실례이고, 거래처에 대하여 '기미君'라고 불렀다가는 큰일난다. 부장이나 사장 등 직급으로 부르는 것도 상대에 대하여 실례가 되지 않도록 하려는 배려일 것이다.

88. 왜 일본 여성들은 붉은 볼을 하는가?

세계 3대 미녀라고 하면, 이집트 여왕 '클레오파트라', 중국의 '양귀비', 그리고 또 한 명은? 세 번째를 '오노노 고마치小野小町'[3]라고 하는 곳은 일본뿐이다. 일본 외의 나라에서는 그리스 신화에 나온 트로이전쟁의 원인이 된 '헬레네'가 일반적이다.

이 클레오파트라가 애용했던 화장이 볼연지라고 한다. 이른바 볼 터치이다. 클레오파트라와 같은 미인도 역시 더한 미를 추구하며 화장을 했다고 생각하면, 여성의 미를 추구하는 기분에는 끝이 없는 것 같다.

클레오파트라 아니라도, 일본 여성도 자신을 아름답게 보이려고 화장에 여념이 없다. 파운데이션을 정성스럽고 꼼꼼하게 바르고, 눈썹을 정리하고, 아이라인이나 볼 터치, 립스틱을 확실히 바른다.

그 때문인지, 외국인에게 '일본 여성은 깔끔하게 메이크업을 하고 있는' 것처럼 보이는 것 같다. 그 중에는 '화장이 진하다'라는 목소리도 있다. 그러고 보니, 서양 여성들은 분명히 자연스러운 화장을 많이 하는 것 같기도 하다.

그렇다면 왜 일본 여성은 '화장이 진한' 것일까? 사실 일본에는 옛날부터 '진한 화장' 문화가 있었다. 전통예능인 가부키에서도, 얼굴 전체를 하얗게 칠하고 빨간색이나 파란색, 검은색으로 극단적인 화장을 한다. 게이샤도 얼굴에서 목 언저리까지 새하얗게 칠한 다음에 립스틱을 발라, 하얀 얼굴에 까만 눈과 붉은 입술이 강조되어 아름답게 보인다.

게다가 시대를 거슬러 올라가면, 유사(有史) 이전 일본의 모습을 기록한 '위지왜인전魏志倭人伝'에는 '신체에 주단을 바르고 있었다'라는 기술이 있다. 주단이란 곱고 붉은색을 의미한다. 고대부터 얼굴이나 신체에 빨간색을 바르고 있었던 것이다. 이유는 빨간색이 재앙을 방지할 수 있다고 믿었기 때문이라고 한다. 지금 현대 젊은 여성이 재앙을 피하기 위한 의미로 볼을 붉게 칠하지는 않을 것이다. 단, 고대의 이런 풍습이 맥맥이 계승되어 형태를 변화하면서 현대 여성의 화장에 영향을 주고 있는지도 모른다.

89. 달마는 왜 빨갛고 둥근가?

ダルマはなんで赤くて丸いの？

전 세계의 다양한 종교에는 수행이 뒤따른다. 그 중에서도 엄격한 수행으로 유명한 것이 인도의 요가 수행, 일련종日蓮宗(일본의 불교 종파)의 '대고행大荒行', '천태종天台宗'의 '4만km 수행千日回峰行'으로, 세계 3대 고행이라고 불리고 있다.

특히 4만km 수행은, 험준한 산길을 1일 48킬로, 118군데의 사당 등에서 경을 읽으면서 도는 고행이다. 오전 0시가 지나면 출발하여, 걷기가 끝나는 것이 저녁이라고 한다. 이것을 연간 약 120일 연속으로 행하며, 햇수로 9년에 걸쳐 완수한다. 과거 1300년의 역사 속에서, 이 고행을 해낸 것은 '고작 2명'밖에 없을 정도로 엄격한 수행이다.

불교의 한 종파派인 선종에서도 전설적인 수행을 한 인물이 있다. 선종의 창시자인 달마대사이다. 벽을 향해 9년간이나 좌선을 한 탓에 손과 발이 썩어서 없어졌다고 한다. 일본인에게는 길조 물건으로 친숙한 다루마(달마)의 모델이다.

선종은 가마쿠라 시대에 일본으로 전달되어, 그 무렵부터 선종의 절에는 손

과 발이 없는 사람을 본 뜬 것을 두게 되었다고 한다. 다루마ダルマ의 원형인데, 에도 시대가 되자 그것은 붉게 염색되었다. 그 이유에는 다양한 설이 있는데, 선종에서는 최고위 대승려가 붉은 법의를 걸친 것 때문에, 달마대사를 모티브로 한 다루마도 붉게 칠하게 되었다고 한다.

또 빨간색은 태양이나 불을 나타내는 색으로, 질병이나 재앙을 막는 부적의 효과가 있다고 생각했다. 에도 시대에 천연두가 유행한 것도 있어, 빨간색으로 병을 막는다는 의미에서 다루마도 빨갛게 되었다는 설도 있다.

단, 최근에는 빨간색 이외에도 노란색이나 녹색, 파란색, 보라색, 핑크색 등 화려한 다루마가 만들어지게 되었다. 각각의 색에는 의미가 있는데 예를 들어, 노란색은 금전운 향상, 녹색은 건강운 향상, 핑크색은 연애 성취 등에 효과가 있다고 한다. 자신의 소원에 딱 맞는 다루마를 선택하는 것이 트렌드이다.

90. 달마의 눈, 오른쪽과 왼쪽과 어느 쪽부터 먼저 그리는 것이 올바른가?

ダルマの目、右と左どちらから先に入れるのが正しい？

　무언가 걱정거리나 곤란한 일이 있었을 때, 많은 일본인은 신이나 부처님께 기원한다. 이렇게 기원하는 풍습은 일본에 오래전부터 존재했는데, 이웃나라인 한국에서도 수험생의 합격기원 상품으로 화장지가 인기이다. 이것은 '코를 풀다'와 '문제를 풀다'라는 단어가 한국어로는 모두 '풀다'로 '문제가 잘 풀리도록'이라는 의미이기 때문이다.

　일본에서도 다양한 기원 상품이 있는데, 전통적인 것이라고 하면 다루마(달마)를 들 수 있다. 다루마는 보통, 양쪽 눈이 없는 상태로 팔리고 있는데 구입

한 후에 소원을 담아 한쪽 눈을 그리고, 소원이 이루어지면 다른 한쪽 눈을 그려 넣는 풍습이다.

이것은 '개안開眼', 즉 다루마에게 '혼을 넣는' 것에서 유래한다. 그것이 기원과 결부된 것에는 많은 설이 있는데, 다루마 생산에서 전국 80%를 점유하고 있는 군마현 다카사키시의 '다카사키 다루마'에 의하면, 옛날에는 누에가 좋은 누에고치를 만들도록 다루마의 왼쪽 눈(마주보았을 때 오른쪽)에만 눈을 그리고 소원을 빌었던 것이, 상인들에게 널리 퍼졌다는 설이 있다. 또, 에도 시대에 천연두가 유행했을 때, 눈이 없는 다루마를 준비하여 손님의 요구에 따라 눈을 그려 넣은 것이 '눈이 없는' 상태로 팔고, 구입한 손님이 직접 눈을 그려 넣는 습관으로 이어졌다고 한다.

그렇다면 다루마의 오른쪽 눈과 왼쪽 눈, 어느 쪽을 먼저 그리는 것이 올바른가? 사실 명확한 법칙은 없는 것 같다. 단, 절과 신사에서는 다른데, 절에서는 오른쪽 눈(마주보았을 때 왼쪽), 신사에서는 왼쪽 눈(마주보았을 때 오른쪽)을 먼저 그리는 일이 많다. 다카사키 다루마에서는 마주보았을 때 오른쪽부터 그려 넣는 것이 올바르다고 하고 있기 때문에, 다른 생산지에서도 다카사키와 마찬가지인 곳이 많다. '능가할 사람이 없다右に出る者はいない'라는 말이 있고, 마주보고 오른쪽이 능숙하다라는 설도 있다. 이처럼 정해진 규칙이 없기 때문에, 눈을 그려 넣을 때 순서를 틀렸다고 해서, 소원이 이루어지고 안 이루어지는 일은 없으니 안심해도 좋다.

91. 도깨비 모습은 왜 호랑이 바지에 소의 뿔일까?

鬼の姿はなんで虎のパンツに牛の角になったのか？

일본에서 산타클로스라 하면, 빨간 옷에 하얀 수염의 이미지가 있는데, 이 것은 아무래도 미국의 영향인 것 같다. 영국에서는 산타클로스를 '파더 크리스마스'라고 부르며, 옷도 녹색이라고 한다. 이처럼 이름만 듣고, 그 전형적인 모습이나 형태의 이미지를 연상하는 경우는 많다.

그렇다면 일본에서 '도깨비鬼'라고 하면, 어떤 모습을 떠올릴까? 매년 2월 절분節分(입춘 전날) 무렵에 진열되는 절분 상품에 그려진 도깨비 그림의 대부분은, 불그스름한 색 호랑이 무늬에 줄무늬 바지, 그리고 머리에는 소 뿔이 자라 있다. 이것은 왜일까?

이것은 도깨비가 있다고 여기는 방향, 즉 '귀문鬼門'이 북동인 것에서 유래한다. 옛날 중국에서는 방향을 십이지를 사용한 방위로 나타내는 관습이 있었다. 북쪽이 '쥐', 동쪽이 '토끼', 남쪽이 '말', 서쪽이 '닭'이다. 이것으로 표시하면 귀문인 북동은 '소'와 '호랑이' 사이가 된다. 거기에서 귀문은 축인丑寅이 되었고, 도깨비란 '소의 뿔을 가지고, 호랑이의 모피를 걸치고 있다'고 생각하게 된 것이다.

이러한 도깨비의 이미지는 가마쿠라 시대 이후에 일본에 정착하였고, 현재 일본에서는 '호랑이 무늬의 줄무늬 바지와 소의 뿔'이 도깨비의 정번(수요가 안정적인) 상품이라고 할 수 있다.

덧붙여 도깨비가 있다고 하는 북동의 귀문에 대하여, 그 반대인 남서를 '이귀문裏鬼門'이라고 부른다. 이 방향에서, 간지로는 '원숭이' '닭' '개'가 있다고 되어 있다. 이것 때문에 도깨비 퇴치로 알려진 모모타로 이야기에서, 동료가 된 동물이 원숭이와 꿩, 개라는 설이 있다.

또한 절분에 콩을 뿌려서 도깨비를 퇴치하는 풍습은 약 1000년 전부터 있었다고 한다. 콩에는 영적인 힘이 있어서, 그것이 재앙을 초래하는 도깨비를 퇴치한다고 생각했다는 것이다.

92. 문병 시 많이 보내는 천 마리의 학. 어떤 의미가 있을까?

일본에는 독특한 기념일이 여러 개나 있다. 예를 들어 4월 11일은 '승리포즈의 날'이다. 1974년 이 날에, 가쓰 이시마쓰ガッツ石松가 복싱 세계 챔피언이 된 것에서 유래한다. 그렇다면 11월 11일은? 1이 4개 나란히 있는 것에서 정사각형의 색종이를 나타낸다고 하여, 1980년에 이 날이 '색종이의 날'로서 제정되었다.

그리고 일본인이라면 어렸을 때 종이 접기를 하며 놀았을 것이다. 놀이로서 색종이가 생긴 것은 무로마치 시대로, 에도 시대에 서민들에게로 퍼졌다. 종이학이 문헌에 등장한 것도 에도 시대인데, 기모노에 종이학 무늬가 그려지는

등 대중적이었다.

1797년에 교토에서 출판된 '비전 천마리 종이학 모형秘伝千羽鶴折形'에서는 한 장의 종이에 칼집을 내서, 다수의 종이학이 연결된 모양으로 접는 '연학連鶴'이 소개되었다. 천 마리의 학이 시작된 것도 이 무렵이라고 생각되는데, 흔히 '학은 천 년, 거북이는 만 년'이라고 하는 것처럼, 장수의 상징인 학을 접어 장수나 병에서 회복될 수 있다고 믿었던 것이다. 천 마리를 접는 것에 대하여, 이 '학은 천 년'에서 왔다고 하는데, 천 마리는 수가 많음을 의미할 뿐, 반드시 천 마리를 접을 필요는 없다는 설도 있다.

또한 천 마리의 학은 평화의 상징으로서 세계로 퍼지고 있다. 이것은 히로시마에서 피복하여 방사능 질병으로 사망한 사사키 사다코佐々木貞子씨가 자신의 연명을 기원하여 만든 것이 유래이다. 이 에피소드는 카를 브루크너나 엘리노어 코어 등 영어권 작가를 통해 소개되어, 널리 알려지게 되었다. 이로 인해 그녀를 애도하여 만들어진 원폭 아이들의 동상에 전 세계에서 천 마리의 학이 보내져 공양되고 있다.

또한 최근에는 학의 색이 아름다운 그라데이션이 되도록, 천 마리 종이학용 색종이 세트가 판매되고 있는 것 외에, 접을 시간이 없는 사람을 위해 '완성된 천 마리 학'도 판매되고 있다고 한다.

93. 머리를 북쪽으로 두고 자면 왜 재수가 없을까?

北枕が縁起悪いのはなぜ？

　나폴레옹은 수면시간이 짧은 것으로 유명한데, 하루에 세 시간밖에 자지 않았다고 한다. 워커홀릭이었다는 발명왕 에디슨은 매일 4시간만 수면을 취했다. 위업을 달성한 사람에게는 short sleeper가 많다고 생각했는데, 20세기 최고의 천재라고 일컫는 아인슈타인은 10시간 이상 잠을 자는 long sleeper였다고 한다. 특이한 사람은 레오나르도 다빈치로, 4시간마다 15분의 수면을 취했다고 한다. 위인은 수면 방법조차 자기스타일을 일관했던 것 같다.

수면의 독특한 방식이라고 하면, 일본에서는 '해서는 안 되는' 룰이 있다. 바로 북수北枕이다. 북수란 머리를 북쪽으로, 다리는 남쪽으로 향하고 자는 것인데, 베개를 북쪽으로 두면 '재수가 없다'고 한다. 왜일까? 일본에서는 사람이 죽으면 고인의 유해와 함께 마지막 밤을 지내며 기원하는 풍습이 있는데, 그때 유체를 북수로 눕힌다. 즉, 북수란 죽은 사람을 재우는 방법인 것이다.

이 기원은 불교를 일으킨 석가모니의 입멸入滅[4]에 있다. 석가모니가 죽었을 때, 북쪽으로 머리를 향하게 했다는 설화에서 '죽은 사람은 북수이다. 그러니 살아있는 사람은 북수로 자서는 안 된다'라는 풍습이 생겨났다고 한다.

단, 불교에서는 북은 열반, 즉 '깨달음에 의해 번뇌를 해탈한 경지'의 상징이다. 죽은 사람의 머리를 북쪽을 향하게 하는 것은 '빠르게 열반에 들어갈 수 있도록'이라는 생각에서이다. 그렇게 하면 '북수는 죽은 사람을 눕히는 방법으로 재수가 없다'라는 것보다 '깨달음의 경지에 달하기 위해 눕히는 방법'은 아닐까? 죽은 사람뿐 아니라 살아있는 사람이 그렇게 해도 되는 건 아닐까? 그리고 보니, 불교가 생긴 인도나 불교 나라인 타이에서는 '북수로 자서는 안 된다'라는 룰이 없다고 한다. 즉, 불교에서 유래되었지만 일본 오리지널 풍습인 것이다.

참고로, 북수는 건강에 좋다는 설도 있다. 머리를 북쪽으로 하면, 남북으로 흐르는 지구 자기의 흐름에 따라 신체가 평행이 되어, 혈류가 좋아진다는 이치이다. 하지만 지구는 둥글기 때문에 북수로 했다고 해서, 지구의 자기에 평행이 되는 것은 아닌데 말이다.

94. 신사의 도리이는 왜 빨간색?

神社の鳥居はなんで赤い？

(일본에서는) 오랫동안 이어지고 있는 영적인 붐으로 특히 젊은 여성들 사이에서 신사나 절 등을 돌며 연애 성취를 기원하거나, 운을 트게 하는 부적 등을 사는 것이 유행하고 있다. 일본 고래古來 신을 모시고 있는 신사에 있는 것이 도리이鳥居(신사 입구에 세운 기둥문)이다. 이 도리이는, 빨간색으로 칠해져 있는 곳이 많은 것은 왜일까?

원래 일본에서 빨간색은 불이나 태양, 생명을 나타내는 색으로, 악령이나 재앙을 물리치는 힘이 있다고 여겨졌다. 이것을 신사 입구에 있는 도리이에

사용함으로써, 신사 안에 나쁜
영이나 기운이 침투하는 것을
막고 있는 것이다. 또 빨간색 화
장품인 주朱는 수은을 원재료로
하고 있는데, 옛날부터 목재의
방부재로 사용되어 왔다는 실용
적인 면에서 이점도 있었다.

덧붙여, 도리이 색은 빨간색만은 아니다. 도리이에 빨간색이 많은 것은 사실이지만 빨간색 이외의 도리이도 물론 있다. 하얀색이나 검은색의 도리이도 있고, 철제 다갈색의 도리이도 있다.

유명한 곳으로는, 이세신궁伊勢神宮나 이즈모대사出雲大社에는 하얀 도리이가 있다. 물론 하얀다고 해도 새하얗게 칠해진 것이 아니라, 껍질을 벗긴 백목 색이다. 단, 오곡을 관리하는 우카노미타마倉稲魂命를 기린 이나리신사稲荷神社의 도리이는 빨간색이 기본이다. 그 밖의 신사 도리이도 빨간색이 많다.

또한 도리이의 어원은 아마테라스 오미카미天照大御神[5]를 하늘의 동굴 안으로부터 불러내는데 울었던 '닭이 서 있던 나무'에서 유래한다는 설이 있다. 그 밖에도 '들어서다通り入る'라는 말이 변했다는 설, 건축용어 '도리이케타鳥居桁'가 변했다는 설도 있다.

95. 고마이누와 시시(사자) 그리고 시사(지붕에 붙이는 사자상), 근원을 쫓아가면 같은 것?

狛犬と獅子とシーサー、元をたどれば同じもの？

    일본인은 요괴를 좋아한다. 애니메이션으로도 만들어진 TV게임 '요괴워치', 미즈키 시게루水木しげる의 만화 '게게 게의 기타로ゲゲゲの鬼太郎'는 몇 번이나 TV 애니메이션화 되 었다. 요괴의 종류, 즉 상상 속의 생물은 오래전부터 일본인의 생활로 자리 잡았다.

    일본에는 800만의 신이 있다고 하는데, 여러 가지 것들이 '신의 심부름꾼'으로 되어 있다. 그 대표격이 '고마이누狛犬'와 '시시獅子'이다. 이 두 개가 한 쌍으로 신사 등에 모셔진 것을 본 적이 있을 것이다.

    뭐가 고마이누고 뭐가 시시인지, 한 번에 보고 구별할 수 있을까? 누군가가 물어보면 뭐라고 대답을 해야 할까?

    구별 방법은 간단하다. 이들 두 체가 '아훔阿吽'을 나타내고 있다. 입을 '아' 모양으로 벌리고 있는 것이 시시, 입을 '훔'하고 닫고 있는 것이 고마이누이다. 고마이누는 뿔이 있기 때문에 그것으로도 알 수 있다. '아'는 산스크리트어의 최초 문자이고, '훔'은 마지막 문자, 즉 이 좌우 한 쌍으로 다양한 일의 시작과 끝을 나타내고 있다.

물론 시시도 고마이누도 사자나 개를 닮은 상상 속 동물이다. 최근에는 시시도 고마이누도 관계없이 둘 다 동일시하여 '고마이누'라고 부르는 것이 일반적이라고 한다.

그런데 동일한 상상 속의 동물은 오키나와에도 있다. 바로 '시사'[6]이다. 시시나 고마이누가 신사불각에 있는데 반해, 시사는 일반 서민들의 집에도 있다. 건물 지붕이나 문 등에 설치되어 악마 퇴치로써 사용되고 있다.

시시, 고마이누, 시사로 호칭은 다르지만 고대 이집트나 이란 등의 오리엔트 지방부터 인도의 넓은 지역에서 수호신으로서 사자 동상을 설치한 것이 원류라고 한다. 백수의 왕이라고 불리는 사자는 세계 각지에서 숭배되고 있었다.

그 신앙이 실크로드로 전달되어 중국, 한반도로 건너왔고, 일본에서는 시시나 고마이누, 시사로 정착했다. 일본에 사자가 없었기 때문에, 상상이 부풀어 여러 가지 모양으로 나누어졌을 것이다. 형상이나 호칭은 다르지만, 근본을 가리면 같은 것이라고 생각할 수 있다.

96. 찰떡궁합의 금강역사상, 어느 쪽이 들숨이고 어느 쪽이 날숨인가?

축구에서 패스를 하는 쪽과 받는 쪽의 호흡이 중요하다. 공을 가진 선수는 상대팀에게 의도를 들키지 않도록 자기 팀에게 패스를 한다. 그때 자주 사용되는 것이 아이 콘택트이다. 패스를 하는 쪽이 받는 쪽과 눈을 맞춘다. 그 한 순간에 패스의 의도를 전달하는 것이다.

이처럼 두 명의 사람이 찰떡 같은 타이밍으로 행동하는 것을 '아운노코큐阿吽の呼吸'라고 한다. '아阿'는 입을 열고 내는 소리, '훔吽'은 입을 닫으면서 내는 소리이기 때문에, '숨을 내쉬다' '숨을 들이키다'라는 호흡을 이미지 시켜 '숨을 갖춘 행위'를 의미하게 되었다.

이 '아훔阿吽'은 원래 산스크리트어가 기원이다. 앞서 이야기한 것처럼 산스크리트어에서는 최초의 음이 '아', 마지막 음이 '훔'으로 된 것으로, 다양한 일의 시작과 끝을 나타내고 있다. 불교의 세계에서는 '아훔'이 잘 사용된다.

예를 들어, 절 문의 좌우에 설치되어 있는 금강역사상은 두 몸체가 세트로 되어 있는데, 한 쪽이 '아형상阿形像', 다른 쪽이 '훔형상吽形像'이라고 불린다.

이 둘의 차이는 입의 모양으로 식별할 수 있다. '아형상'은 입을 '아' 모양으로 벌리고 있다. 반대로 '우형상'은 '훔'의 모양으로 입을 닫고 있다. 대부분은 우측에 '아형상', 좌측에 '훔형상'이 배치되어 있는 경우가 많은데, 반드시 그렇다고는 할 수 없다.

또한, 금강역사상이 문에 설치되는 이유는, 절 출입구의 경비이다. 금강역사는 보통은 온화한 제석천帝釈天(범왕과 더불어 불법을 지키는 신)이 화냈을 때 변화하는 모습이다. 화를 내면 두 개의 몸으로 분리하여 불적仏敵(불법에 어긋나는 것)과 싸우는 것이다. 그 모습을 금강역사라고 부른다. 그래서 금강역사는 2개의 동상으로 만들어진다. 그리고 두 몸체의 금강역사는 불적이 절에 들어오지 못하도록, 문에서 노려보고 있는 것이다.

참고로 현존하는 금강역사상은 상태가 악화된 것이 많다. 그것은 문에 설치되어 있기 때문에, 오랜 세월에 걸쳐서 비바람을 맞아왔기 때문이다. 가이드맨의 슬픈 숙명이다.

97. 일본인은 개개인에게 자기 젓가락이 있는 것은 왜?

도쿄는 세계 각지의 요리를 맛볼 수 있는 곳이다. 프랑스 요리나 이탈리안, 중화요리, 타이나 베트남 요리와 같은 아시아 요리, 아프리카 요리도 즐길 수 있다. 그런데 이런 요리를 먹을 때 사용하는 것은 나이프와 포크, 아니면 젓가락? 어떤 조사에 따르면 전 세계에서 약 30%의 사람이 나이프나 포크를 사용하고, 젓가락을 사용하는 사람도 비슷한 정도라고 한다. 나머지 사람들은 손으로 먹는 것이다.

그런데 젓가락을 사용하는 나라 중에서도 일본의 젓가락 문화는 독특하다고 한다. 중국이나 한국에서는 식사를 덜거나, 국물 요리(수프)를 먹을 때 스푼이나 렝게[7]와 같은 '숟가락'을 주로 사용하고, 젓가락은 보조적으로 사용하는

문화라고 하는데, 일본은 젓가락을 주로 사용한다.

게다가 각 가정에서는 각자 '자기의 젓가락'이 정해져 있고, 아이들에게는 조금 작은 어린이용 젓가락도 준비된다. 물론 손님 전용 젓가락도 준비되어 있다.

여기까지 미세하게 나누는 이유는, 일본 요리가 원래 '국 한 가지와 반찬 세 가지'를 기본으로, 한 사람 한 사람에게 각자의 요리가 담겨지기 때문이라고 한다. 같은 아시아권이라도 중화요리는 큰 접시에 담은 요리를 모두가 나누어 담는 경우가 많다. 이에 반해 각자가 개인용으로 담긴 요리를 자신의 밥그릇과 젓가락을 사용하여 먹는 것이 일본의 식문화였던 것이다.

이 식문화는 외식에도 적잖이 영향을 끼쳤는데 그것이 '나무젓가락'이다. 에도 시대, 음식점에서 사용되는 나무젓가락은 지금처럼 2개가 붙어서 1개가 되어 있지 않았다. 그런데 어느 음식점의 인기를 질투한 라이벌이 '그 가게는 젓가락을 재사용하고 있다'라는 소문을 퍼트려서, 그에 대항하여 손님이 사용하기 직전에 나누는 지금의 '나무젓가락'이 보급되었다고 한다. 요컨대 '각자에게 한 벌의 젓가락'을 준비한 것이다.

참고로 '나무젓가락割り箸'이라는 말은 '나누어 사용하다割って使う'에서 온 것이 아니다. 원래 나무를 나누어 만든 젓가락이기 때문에, 2개가 붙어있지 않아도 '나무젓가락'이라고 불렸다고 한다.

98. 음식점 등의 구석에 소금을 쌓아 놓는 의미는?

料理屋さんなどの隅に置かれている「盛り塩」の意味は？

　세련된 옷을 파는 부티크나 레스토랑 등 점포가 성공하는 비결의 하나는 단골의 확보에 있다. 단골이란 그 점포 상품이나 접객 등의 서비스가 좋아서, 반복·정기적으로 가게를 찾는 손님을 말한다. 단골이 늘어감에 따라 점포의 매상도 증가하고, 경영도 안정되어 간다.

　많은 경영자는 포인트카드를 발행하거나, 회원을 위한 특별 세일을 실시하는 등 어떻게 단골을 늘릴까 지혜를 짜고 있다. (일본에서는) 그 고전적인 방법

중 하나라고 할 수 있는 것이, 음식점에서 볼 수 있는 '모리소금盛り塩'이다. 점포 입구에 둔 작은 접시 위에 피라미드처럼 소금을 수북이 담는 풍습으로, 이것은 '손님을 불러온다'는 염원을 담아서 쌓아 놓는다고 한다.

왜 이러한 모리소금이 단골 확보를 위한 고전적인 수법일까? 그것은 3세기에서 5세기경에 번성한 중국의 진 시대의 고사에서 유래한다. 후궁에 있는 여성이 밤에 국왕이 자신에게 찾아오도록 자택 앞에 소금물을 뿌렸다고 한다. 국왕이 탄 수레를 끌고 있는 것은 소였다. 소는 소금을 핥는 습성이 있기 때문에, 그것을 이용하여 국왕을 반복적으로 자택으로 불러들여, 총애를 받으려고 한 것이다.

단, 이 설은 속설로 원래는 일본 고래(古來) 신도에서 소금을 정화하기 위해 바치는 풍습이 있던 것에서 유래한다는 설도 있다. 불교에서도 장례식 후에 소금을 뿌리는 풍습이 있다. 이것이 일상생활에 파고들어, 지금의 모리소금 풍습으로 이어졌다는 설이다.

참고로 소금은 샐러리(salary 월급)의 어원이기도 하다. 고대 로마 시대에는 병사의 급료로서 소금이 사용되었다. 소금은 영어로 솔트인데, 라틴어로는 살라리움이다. 그것이 월급이라는 의미의 샐러리의 어원이라고 한다.

99. 일본 도로가 조용하고, 별로 경적을 울리지 않는 것은 왜?

日本の道路が静かで、あまりクラクションを鳴らさないのはなぜ？

소음이라는 것은 사실 인간의 수명에 크게 영향을 준다고 한다. 세계보건기구(WHO)의 조사에 따르면, 유럽 각국에서는 소음에 의해 원래 건강하게 지낼 수 있을 '건강생존년健康生存年'이 짧아진다고 한다. 각 개인이 잃어버린 시간을 더해보면, 연간 '100만년'이나 되는 시간을 잃어버리게 된다고 한다. 유럽 나라들은 '그렇게나 소음이 심한 걸까?'라고 생각하는데, 사실 그렇지도 않다고 한다. 요컨대 보통으로 생활하고 있는 만큼 신경 쓰이지 않는 소리라도 사람의 건강에는 미묘하게 영향을 주는 일이 있다고 한다.

그런데 일본은 세계 다른 나라들과 비교하면 조용한 나라라고 한다. 전철

안이나 레스토랑 등에서는 타인에게 폐가 되지 않도록 배려하여, 큰 소리로 이야기하지 않는다. 웃는 소리도 절제한다. 무엇보다도 도로를 달리는 차의 경적 소리가 거의 들리지 않는다. 일본을 방문한 외국인 대다수는 이상하게 느낀다고 한다. 왜, 일본인은 경적을 거의 울리지 않을까? 게다가 신호가 빨간색에서 파란 신호로 바뀐 것을 모르고 서 있는 차가 있어도 울리는 경적은 매우 가벼운 '빵!'. '파란색이에요~'라고 주의를 주는 정도이다. 이것이 일본 외국가에서는 다르다. '빵, 빠앙' 2대도 3대도 뒤차도 경적을 울린다.

왜일까? 사실 이유는 간단하다. 함부로 경적을 울리는 것이 도로교통법으로 금지되어 있기 때문이다. 위반하면 '경음기 사용제한 위반'으로 2만엔 이하의 벌금을 내야 하는 경우도 있다. 이것은 자동차학원에서도 배운다. 그렇다고는 하지만 법률을 지키면서 경적을 울리지 않는 사람만 있는 것은 아닐 것이다. 최근에는 '경적을 울려 상대방과 문제를 일으키기 싫다'라는 목소리도 있다. 그렇다, 일본인은 전철에 탈 때에는 줄을 서서 타고, 횡단보도를 건널 때 달리는 차가 없더라도 파란신호가 될 때까지 기다린다. 규칙을 어지럽혀 쓸데없는 다툼을 일으키기 싫어하는 국민성이라고 할 수 있다.

쇼토쿠 태자聖徳太子라 하면, 604년에 일본 첫 헌법인 17조헌법을 제정한 위인으로 알려져 있다. 그 초상화는 1930년에 당시 100엔 지폐로 사용되고 나서, 1000엔 지폐, 5000엔 지폐, 1만엔 지폐로 도합 일곱 번이나 등장하여, 가장 많이 지폐의 얼굴이 된 인물이다.

그 쇼토쿠 태자가 중요하게 여긴 것이 일본인의 '화和'이다. 17조헌법의 제1조에서 '一に曰く、和を以て貴しと為し、忤ふること無きを宗とせよ'라고 되어 있다. 즉, '화합을 무엇보다도 소중히 하고, 다툼을 일으키지 않는 것을 근본으로 삼아라'라는 의미이다.

　그렇다, 일본인은 약 1400년 전부터 서로 싸우는 일을 피하고, 서로 협조하는 것을 길러 온 것이다.

　이것은 일본인 DNA로써 계승되어, 다양한 형태로 나타나고 있다. 예를 들어, 역 홈에서 전철을 탈 때 '정확히 줄을 서서 타는' 일본인의 모습을 보고 외국인은 놀란다고 한다. 마트 계산대에서도 은행의 ATM코너에서도, 긴 줄이 생겨있어도 예의 바르게 한 줄로 서는 것이 일본인이다. 서두를 때 등, 줄을 서서 쓸데없는 시간이 걸리는 것은 분명 곤란한 일이지만, 끼어들기 등 규칙을 위반하여 조화를 어지럽히고, 쓸데없는 싸움을 일으키는 것이 더 싫다고 일본인은 느끼는 것이다.

　또한 초등학교나 중학교에서도 교내를 이동할 때나 체육시간, 소풍 등 교회학습을 통해 '제대로 줄을 만드는 것'을 잘 가르쳐 왔다. 가족끼리 외출했을 때도, 예를 들어 전철을 탈 때에는 '줄 서기 승차, 내리는 사람이 먼저'라는 것을 배워왔다. 역, 레스토랑, 영화관, 슈퍼 등 한 줄로 서서 자신의 순서가 올 때까지 기다리는 습관을 학교와 가정 쌍방에서 가르치고 있던 것이다. 이런 것들이 일본인으로서의 사고방식 형성에 크게 영향을 주어 왔다고 할 수 있을 것이다.

일본어와 영어로는 어떻게 대답할까?

다양한 표현 방법 중에서, 한 가지 대답의 예를 소개하겠습니다.

★1

- '성의 지붕에 물고기(샤치호코)가 왜 있어?' 라고 물으면…

「お城の屋根に魚(シャチホコ)が載っているのはなぜ？」と聞かれたら…

⇒ 화재가 일어나지 않도록 하는 주술입니다.

Those statues are a lucky symbol believed to help ward off fires.

火事が起きないようにというオマジナイです。

★2

- '도쿄의 거리가 어디든, 언제든 깨끗한 것은 왜?' 라고 물으면…

「東京の街がどこも、いつもきれいなのはなぜ？」と聞かれたら…

⇒ 에도 시대부터 나무 부스러기나 오래된 천 등을 재활용해왔기 때문에.

That's because recycling of wood shavings, old fabric and other

waste has been continued since the Edo period of Japanese history.

江戸時代から木くずや古い布などをリサイクルしてきたから。

★3

- ‘일본 택시는 왜 자동문이야?’라고 물으면…

「日本のタクシーはなんで自動ドアなの？」と聞かれたら…

⇒ 외국에서 온 손님을 ‘대접’하려고 도입되었습니다.

Such doors were introduced with the idea of furnishing greater
hospitality (omotenashi) to overseas visitors.

外国からのお客様を「おもてなし」しようと導入されました。

★4

- ‘경찰 신고가 110, 소방이 119인 것은 왜?’라고 물으면…

「警察への通報が110、消防が119なのはどうして？」と聞かれたら…

⇒ 처음에 ‘112’로 했더니, 잘못 걸린 전화가 속출했기 때문입니다.

The first number used was "112", but that resulted in a steady stream
of wrong number calls.

最初「112」にしたら、間違い電話が続出したためです。

★5

• '일본 경찰차는 왜 흰색과 검은색이야?'라고 물으면…

「日本のパトカーはなぜ白と黒なの?」と聞かれたら…

⇒ 경찰차 제1호를 미국의 경찰차처럼 흰색과 검은색으로 나누어 칠했기 때문에.

Japan's very first police car adopted the same black and white color scheme used on American squad cars.

パトカー第1号を、アメリカのパトカーと同じように白と黒に塗り分けたから。

★6

• '도쿄 돔은 얼마나 넓어?'라고 물으면….

「東京ドームってどれくらい広いの?」と聞かれたら…

⇒ 큰 욕조로 가정하면, 온수를 채우는데 100년 이상 걸립니다.

If Tokyo Dome were a large bathtub, it would take over 100 years to fill it with hot water.

大きなお風呂に見立てたら、お湯をためるのに100年以上かかります。

★7

• '노와 교겐은 뭐가 달라?' 라고 물으면…

「能と狂言は何が違うの？」と聞かれたら…

⇒ '노'는 사회적인 드라마, '교겐'은 코미디 프로그램이라고 할 수 있겠지요.

With television as an analogy, Noh plays are like serious drama, while Kyogen plays are closer to comedy shows.

「能」はシリアスなドラマ、「狂言」はお笑い番組といえるでしょう。

★8

• '좁은 일본에서 왜 여러 가지 방언이 있어?' 라고 물으면…

「狭い日本でなぜいろいろな方言があるの？」と聞かれたら…

⇒ 옛날 일본은 작은 나라의 모임으로 말이 조금씩 달랐습니다.

In older times, Japan was a collection of various small countries, each with its own language patterns.

昔の日本は小さな国の集まりで言葉が少しずつ違っていたのです。

★9

- '신주쿠 가부키초는 왜 가부키초라고 해?'라고 물으면…

「新宿の歌舞伎町は、なぜ歌舞伎町と言うの？」と聞かれたら…

⇒ 종전 후, 가부키를 상연할 극장이 건설될 예정이었기 때문이야.

That name dates from soon after the end of World War Ⅱ, when there was a plan to build a Kabuki theater in that area.

終戦後、歌舞伎を上演する劇場が建設される予定だったから。

★10

- '일본 우체통은 왜 빨간색이야?'라고 물으면…

「日本の郵便ポストはなぜ赤い色なの？」と聞かれたら…

⇒ 검은 우체통은 밤이 되면 잘 안보여서, 빨간색으로 바뀌었습니다.

Because black mailboxes were difficult to see at night, the color was changed to red.

黒いポストは夜になると見えにくく、赤い色に変わりました。

★11

- '일본의 수도는 도쿄인가요?'라고 물으면…

「日本の首都はTOKYOですか?」と聞かれたら…

⇒ 일본 수도가 어디인지를 정한 법률은 없습니다.

Japan does not have a law that specifically determines the location of any "national capital."

日本の首都がどこかを決めた法律はありません。

★12

- '생선초밥은 어디에서 생긴 것인가요?'라고 물으면…

「握り寿司はどこで生まれたのですか?」と聞かれたら…

⇒ 에도 시대에 지금의 스미다구 료고쿠에 생긴 스시집이 번성한 것이 발상이라고 합니다.

The origin is believed to be a sushi shop in what is now the Ryogoku area of Tokyo's Sumida Ward, which flourished during the Edo period.

江戸時代に今の墨田区両国にできた寿司屋が繁盛したのが発祥とされています。

★13

• '모리소바와 자루소바의 차이점은 뭐야?'라고 물으면…

「もり蕎麦とざる蕎麦の違いって何？」と聞かれたら…

⇒ 채 썬 김의 유무가 아니라, 옛날에는 장국도 달랐다고 합니다.

Besides sprinkling shredded seaweed on morisoba and not on zarusoba, in the past different sauces were also used for dipping these needles.

刻み海苔がかかっているかどうかではなく、昔はつけ汁も違ったそうです。

★14

• '니혼과 닛폰, 올바른 읽는 법은 어느 쪽?'이라고 물으면…

「ニホンとニッポン、正しい読み方はどっち？」と聞かれたら…

⇒ 둘 다 맞지만, 보다 오래된 호칭은 닛폰입니다.

Both pronunciations are correct, although "Nippon" is older.

両方正しいのですが、より古い呼び方はニッポンです。

15

- '왜 일본인은 벚꽃을 좋아해?'라고 물으면…

「なぜ日本人は桜が好きなのか？」と聞かれたら…

⇒ 1200년도 전인 헤이안 시대부터 일본인은 벚꽃을 좋아했어. DNA라고 할 수 있겠지요.

With the Japanese having been fond of cherry blossoms since the Heian period, around 1,200 years ago, perhaps this is a common sense Japanese people have by nature.

1200年も前の平安時代から日本人は桜が好き。DNAと言えるでしょう。

- '사무라이는 왜 상투를 틀어?'라고 물으면…

「サムライはなぜチョンマゲなのか？」と聞かれたら…

⇒ 철로 된 투구는 머리가 덥기 때문에, 정수리 부분을 밀었던 것입니다.

Samurai shaved their foreheads to avoid getting hot and sweaty inside the warrior helmets they typically wore in battle.

鉄の兜は頭が蒸れるので、頭頂部を剃っていたのです。

• '신사와 절에서 참배 방법이 왜 달라?' 라고 물으면…

「神社とお寺で、お参りの仕方が違うのはなぜ？」と聞かれたら…

⇒ 신도와 불교로 종교가 다르기 때문에, 참배 방법이 다릅니다.

Because Shinto (shrines) and Buddhism (temples) are separate religions, the methods of worship are also different.

神道と仏教で宗教が異なるため、お参りの方法が違います。

• '신사의 고마이누와 시시는 뭐가 달라?' 라고 물으면…

「神社の狛犬と獅子の違いは？」と聞かれたら…

⇒ 입을 '아' 하고 벌리고 있는 것이 시시, '훔' 하고 닫고 있는 것이 고마이누입니다.

The mouths of guardian lion statues are open, while those of guardian dogs remain closed.

口を「あ」と開けているのが獅子、「うん（ん）」と閉じているのが狛犬です。

• '일본인은 왜 경적을 울리지 않는 거야?'라고 물으면…

「日本人はなぜクラクションを鳴らさないの？」と聞かれたら…

⇒ 도로교통법으로 함부로 경적을 울리는 것을 금지하고 있는 것도 이유 중 하나입니다.

One reason is that indiscriminate horn honking is expressly banned in Japan's road traffic law.

道路交通法で、むやみにクラクションを鳴らすのを禁じていることも理由の一つです。

20

• '왜 일본인은 전철에서도 가게에서도 제대로 줄을 서는 거야?'라고 물으면…

「なぜ日本人は電車でもお店でもきちんと行列できるの？」と聞かれたら…

⇒ '화목'을 소중히 여긴 쇼토쿠 태자라는 위인의 정신을 꾸준히 지켜왔기 때문이야.

This is said to reflect the teachings of the great Prince Shotoku, who stressed the importance of upholding the spirit of "wa" (harmony).

「和」を大切にした聖徳太子という偉い人の精神を守り続けてきたから。

역주

제1장

1 성곽 등의 용마루 양끝에 장식하는 것으로, 머리는 용이나 호랑이처럼 생겼고 등에는 가시가 돋친 바닷물고기 모양의 장식물

2 성의 중앙부에 제일 높게 구축한 망루

3 전국 시대 일본 통일의 기반을 닦은 무장

4 궁전이나 불전 등의 용마루 끝에 붙인 물고기 꼬리 모양의 장식물

5 제례나 축제 때 신을 모시는 일본의 가마

6 일본의 전통 축제로, 주로 신령 등에 제사를 지내는 의식

7 아스카 시대 요메이 천황의 황자로, 일본에 불교를 보급시키고 중앙 집권 체제를 확립한 인물

8 진리를 깨달아 육근의 탐욕을 깨끗이 없애는 일

9 일본에서 황실의 조상이나 나라에 공이 큰 사람을 신으로 모셔놓고, 제사를 지내는 장소

10 일본의 제 122대 천황(1852-1912)

11 일본의 제 50대 천황(737-806)

12 에도 막부의 초대 장군으로 도요토미 히데요시에 이어 천하통일을 이룩하고, 에도에 막부를 세워 막부 체제의 기초를 다졌다.

13 헤이안 전기의 귀족·학자

14 신불을 공양하고 재를 올리는 날(緣日)

제2장

1 아스카 시대 전반의 대표적인 중앙 호족

2 아스카 시대의 정치가

3 헤이안 시대 중기 11세기 초에 여류작가 무라사키 시키부가 왕조귀족들의 사랑과 인간관계를 풍부한 상상력과 아름다운 문체로 그린 장편소설

4 후지와라노 쇼시. 헤이안 시대 이치조 천황의 황후

5 헤이케 가문의 영화와 그 몰락, 멸망을 기록한 산문체의 서사시

6 헤이안 시대 말기에 활동한 무장

7 일본의 전통적 연극형식인 노의 막간에 펼쳐지는 짤막한 소극이나 희극

8 일본 고유형식의 시가의 총칭

9 한자의 음훈(音訓)을 빌어 일본어의 음을 적은 글자

제3장

1 일본 고전연극의 하나로, 노래·춤·연기가 함께 어우러지는 공연예술

2 가부키 극을 상연하는 장소 및 극장

3 원래 일본 장기 용어. 왕장(王将)·금장(金将) 이외의 말이 적진에 들어가 금장과 같은 기능을 하는 말.

4 무가의 머리 모양으로 상투의 끝을 은행잎 모양으로 크고 넓게 묶는 방식

5 씨름꾼의 계급 중 하나로, 2부 리그. 마쿠우치와 마쿠시타의 중간

6 스모의 전적에 따른 서열에서 幕内보다 아래의 선수

7 쥬로 이상 씨름꾼의 높임말(우리나라의 장사급)

8 한 명의 연기자가 익살스러운 이야기를 등장 인물들의 주고받는 대화를 중심으로 연기하여 청중을 즐겁게 하는 만담예능(寄席芸能)

9 두 사람이 서로 번갈아가며 익살스러운 이야기를 주고받는 예능

10 에도 시대 다이묘(무사)가 지배한 영지·인민·통치기구 등의 총칭

11 헤이안 시대 여성 귀족의 정장

12 기모노를 여미고 나서 허리에 두르는 공단이나 뻣뻣한 비단으로 만든 넓은 허리띠

제4장

1 옛날 일본 전국의 호칭으로 수도 인근의 다섯 국(国)와 일곱 도(道)라는 뜻. 다섯 국은 야마시로 국, 야마토 국, 가와치 국, 이즈미 국, 셋쓰 국이고, 일곱 도는 도카이도, 도산도, 호쿠리쿠도, 산인도, 산요도, 난카이도, 사이카이도이다.

2 제2차 세계대전이 막바지로 치닫던 1945년 3월 10일 일본을 무력화시키고 전쟁의 조기 종결을 위하여 미군이 주축국인 일본의 수도인 도쿄와 그 주변 일대에 대량의 소이탄을 투하한 사건

3 일본적인 애수를 띤 가요곡

제5장

1 날된장의 일종으로 콩과 보리의 누룩에 소금을 더하고, 여기에 잘게 썬 가지·오이 등을 넣고 밀폐하여 숙성시킨 것.

2 거르지 않은 간장 진국 속에 용수를 박아, 그 속에 괸 간장을 조미료로 쓰는 것.

3 장소가 틀리거나 그 자리에 어울리지 않음. 주산지의 산물이 아닌 것.

4 초밥을 틀에 넣고 눌러 만든 스시로 긴 틀에 찍어 모양을 만든 후 먹을 때 잘라 먹는 것이 특징

제6장

1 입춘 전날로 콩을 뿌려서 잡귀를 쫓는 행사를 한다.

2 3월 3일의 여자 아이의 명절에 지내는 행사로 제단에 일본 옷을 입힌 작은 인형들을 진열하고 떡·감주·복숭아꽃 등을 차려 놓는다.

3 백중 기간 밤에 마을 주민들이 모여 추는 춤의 일종으로 흔히 백중맞이 춤이라고 한다.

4 인생의 덧없음

5 근대의 무장, 정치가(1536-1598). 천하통일을 이루고, 근세 봉건제도의 확립을 위해 여러 정책을 실시하였고, 임진왜란을 일으켰으나 실패하였다.

6 일본 교토에 있는 대형 불교 사찰

7 머리를 손질해서 상투를 트는 것이나 그것을 직업으로 하는 사람 또는 가게

8 정월의 첫 참배

9 일본의 명절로, 조상의 영혼을 맞아들여 대접하고 모두의 건강과 행복을 기원하는 날(양력 8월 15일)

10 신사에서 참배자가 손을 닦거나 입을 가시기 위해서 물을 받아두는 건물

11 물을 뜰 때 쓰는 국자와 비슷한 모양의 도구

12 신사에서 배례하기 위하여 본전 앞에 지은 건물

13 일본에서 중국의 율령제를 본떠 왕을 정점으로 한 중앙 집권적 정치체제를 구축하기 위하여 이루어진 정치개혁

14 684년에 제정된 마히토(真人), 아송(朝臣), 스쿠네(宿禰), 이미키(忌寸), 미치노시(道師), 오미(臣), 무라지(連), 이나기(稲置) 등의 8개의 성을 말한다.

15 3세기경 일본에 있었던 나라 이름

16 7세기부터 9세기에 걸쳐 일본이 당나라에 파견한 사절

17 일본 불교의 한 파(派)

18 씨름꾼의 계급 중 하나로 대전표 맨 윗단에 이름이 쓰여지는 씨름꾼

19 씨름에서 맨 아래에서 두 번째 계급

20 야요이 시대 일본의 제11대 천황

21 헤이안 시대 전기에 집필된 일본에서 가장 오래된 소설로 작자 미상

22 672년에 일어난 고대 일본사 최대의 내란. 텐지천황의 태자 오토모 황자에 맞서, 황제(皇弟) 오아마 황자가 지방 호족들을 규합하여 반기를 든 사건

23 일본의 14대 천황

24 거북을 살려준 덕으로 용궁에 가서 호화롭게 지내다가 돌아와 보니, 많은 세월이 지나 친척이나 아는 사람은 모두 죽고 모르는 사람뿐이었다는 전설의 주인공

25 중생구제를 위해 스스로 단식하여 죽어 미라화된 수행자

26 나라 시대와 헤이안 시대의 승려로, 일본 천태종의 창시자

27 헤이안 시대 초기의 불교 사상가로 진언종의 창시자

28 가마쿠라 시대의 승려이자, 가마쿠라 시대에 일어난 불교혁신 운동에서 정토교계의 선구자

29 대승불교에 속하며 오늘날 동아시아에서 가장 널리 지지를 받고 있는 종파 가운데 하나. 누구든지 깊은 신앙심을 갖고 아미타불의 이름을 부르기만 하면 아미타불의 서방정토에 태어나게 된다고 믿는다.

제7장

1 싸우는 기술 중, 무기 기술 중에서 가장 활성화되고 집약적인 기술

2 새해 들어 처음으로 절이나 신사에 가서 신불(神佛)을 참배하는 것

3 헤이안 시대 초기의 여류 가인

4 승려의 죽음. 모든 번뇌를 남김없이 소멸한 열반의 경지에 듦.

5 (일본 신화의) 해의 여신

6 오키나와에서 기와지붕들에 붙이는 옹기로 된 사자상

7 요리나 식사에 쓰는 오목한 사기 숟가락

일본의 100가지 大의문

초판 1쇄 발행일 2019년 2월 18일

편저 화제의 달인 클럽
편역 박성태
펴낸이 박영희
편집 박은지
디자인 원채현
마케팅 김유미
인쇄·제본 AP프린팅
펴낸곳 도서출판 어문학사
　　　서울특별시 도봉구 해등로 357 나너울카운티 1층
　　　대표전화: 02-998-0094 / 편집부1: 02-998-2267, 편집부2: 02-998-2269
　　　홈페이지: www.amhbook.com
　　　트위터: @with_amhbook
　　　페이스북: https://www.facebook.com/amhbook
　　　블로그: 네이버 http://blog.naver.com/amhbook
　　　　　　　다음 http://blog.daum.net/amhbook
　　　e－mail: am@amhbook.com
　　　등록: 2004년 7월 26일 제2009－2호

ISBN 978-89-6184-496-3 03910

정가 16,000원

이 도서의 국립중앙도서관 출판예정도서목록(CIP)은 서지정보유통지원시스템 홈페이지(http://seoji.nl.go.kr)
와 국가자료공동목록시스템(http://www.nl.go.kr/kolisnet)에서 이용하실 수 있습니다.
(CIP제어번호: CIP2019003024)